Oktober-Taschenbücher

SCHI LI-SUO

DAS KOMPLOTT VON MÜNCHEN 1938 UND DIE BESCHWICHTI-GUNGSPOLITIK

Schi Li-suo

Das Komplott von München 1938 und die Beschwichtigungspolitik

Verlag Rote Fahne

Das vorliegende Buch wurde übersetzt nach der chinesischen Originalausgabe, die 1976 im Volksverlag, Peking erschien; Übersetzer: Erhard Neckermann, Berlin.

Anmerkungen des Verfassers sind mit * gekennzeichnet; dabei sind ausgewiesene Zitate nach deutschsprachigen Ausgaben wiedergegeben. Soweit identifizierbar, wurden im Original nicht ausgewiesene Zitate vom Übersetzer an den Originalquellen oder in der deutsch- und englischsprachigen Fachliteratur aufgesucht und in den Anmerkungen am Ende der einzelnen Kapitel nachgewiesen. Die verbleibenden Zitate sind aus dem Chinesischen rückübersetzt.

Bildmaterial und Karten wurden für diese Ausgabe neu zusammengestellt, ebenso die gesondert abgesetzten Dokumente im Textteil und im Anhang.

© der deutschen Ausgabe:
Verlag Rote Fahne GmbH,
Kamekestraße 19
5000 Köln 1

1. Auflage 1978
ISBN 3−8106−0076−8

VORBEMERKUNG

Als vor vierzig Jahren die Regierungschefs von vier europäischen Ländern in München zusammentrafen und ein Abkommen schlossen, atmeten viele Menschen erleichtert auf. Der Friede war gerettet, die schreckliche Drohung eines Krieges von bisher unbekanntem Ausmaß war gebannt. — So schien es. Doch binnen Jahresfrist war der Traum vom „Frieden für unsere Zeit" durch den Kugelhagel des deutschen Faschismus zerstört.

Wieso konnte der II. Weltkrieg nicht verhindert werden? Konnte er überhaupt verhindert werden und wer hätte ihn verhindern sollen? Die Beantwortung dieser Fragen ist nicht nur von historischem Interesse. Sie ist heute von elementarer Bedeutung dafür, wie angesichts des Wettrüstens, angesichts der Spannungen und Konflikte auf allen Kontinenten, die trotz Atomwaffensperrverträgen, Abrüstungsgesprächen und Konferenzen über Sicherheit und Zusammenarbeit in Helsinki und Belgrad ständig zunehmen, eine Antwort darauf zu finden ist, wie Friede, Freiheit und sozialer Fortschritt behauptet und ausgebaut werden können. Sicher — die Welt von heute ist nicht mehr die von 1938, und dennoch stehen die Völker in vieler Hinsicht vor den gleichen Problemen. Zu ihrer Klärung einen Beitrag zu leisten, ist die Absicht bei der Herausgabe des vorliegenden Buches.

In Deutschland hat die Auseinandersetzung mit dem Abkommen von München zusätzliches Gewicht. Denn ohne Kenntnis der deutschen Geschichte, der Geschichte der deutschen Bourgeoisie und des deutschen Imperialismus wie der Geschichte der Volksmassen und der Arbeiterbewegung, der Geschichte vor allem der letzten 150 Jahre, ist die Lage, in der sich Deutschland und das deutsche Volk heute befinden, nicht zu begreifen.

Köln 1978   Verlag Rote Fahne

EINLEITUNG

Am 29./30. September 1938 trafen sich der englische Premierminister Chamberlain, der französische Ministerpräsident Daladier, der faschistische deutsche Diktator Hitler und der italienische Faschistenführer Mussolini in München, der Stadt, in der die Nazipartei NSDAP gegründet wurde, und unterzeichneten das „Münchener Abkommen". Dieses Abkommen stellt den Schlußpunkt eines Betruges dar, der in der Geschichte seinesgleichen sucht. Statt „Frieden" und „Entspannung", die es versprach, brachte es Expansion und Aggression des deutschen Faschismus, und die „vernünftige Konfliktregelung", die es vorsah, bestand in der Preisgabe eines kleinen Landes. Diese Machenschaften einiger Großmächte wurde später das „Komplott von München" genannt.

Das „Münchener Abkommen" war der konkrete Ausdruck einer Beschwichtigungspolitik, auch Appeasementpolitik genannt. Darunter versteht man, mit einer Politik der Zugeständnisse und der Preisgabe der Lebensinteressen anderer Länder die Aggressoren zu besänftigen, um selbst mit heiler Haut davonzukommen. Vor dem II. Weltkrieg verfolgten England, Frankreich und andere Länder aktiv eine solche Beschwichtigungspolitik: Sie wichen immer mehr vor den Aggressionsakten der deutschen und italienischen Faschisten zurück, weil sie die Absicht hatten, den Angriff auf die von Stalin geführte sozialistische Sowjetunion zu lenken. Ermuntert und gestärkt durch diese Beschwichtigungspolitik, entfesselte schließlich das faschistische Deutschland den II. Weltkrieg. Wie der große Führer, Vorsitzender Mao, schon 1939 klar feststellte, bestand diese imperialistische Politik, die auf Kosten anderer Länder Aggressionskriege duldete, um das Unheil auf andere Länder abzuwälzen, aus *„Intrigen des englisch-französischen Imperialismus, die auf die Duldung des Krieges, die Schürung des Krieges, auf die Beschleunigung des Ausbruchs eines Weltkrieges abzielten".** Der Weg nach München war der Weg in den Krieg.

---

* Mao Tsetung, „Die Interessen der Sowjetunion fallen mit den Interessen der gesamten Menschheit zusammen", Mao Tsetung, Ausgewählte Werke, Bd. II, S. 321

„München" liegt schon fast 40 Jahre zurück, aber die Erinnerung daran ist noch lebendig. Die Geschichte ist ein Spiegel. Heute ist der sowjetische Sozialimperialismus in die Fußstapfen Hitlers getreten. Er rüstet fieberhaft auf und bereitet sich auf den Krieg vor. Gleichzeitig führt er eine große „Abrüstungs- und Entspannungs"komödie auf und wendet den Trick an, „ein Scheinmanöver im Osten zu vollführen, den Angriff aber im Westen zu unternehmen". Der Kampf der beiden Supermächte Sowjetunion und USA um die Weltherrschaft umfaßt den ganzen Erdball, der Schwerpunkt ihres Ringens jedoch liegt in Europa. Die Europäische Sicherheitskonferenz kann diesen Sachverhalt nicht verbergen, im Gegenteil, sie läßt ihn klar hervortreten. Der sowjetische Sozialimperialismus ist heute die gefährlichste Quelle eines Krieges. Die Gefahr eines neuen Weltkrieges wächst ständig an. Gegenüber dieser Supermacht, die überall unverfroren ihr Unwesen treibt, Nachsicht zu üben und eine duldende Haltung einzunehmen, kann nur Unheil bringen. Unter diesen Umständen liegt die Notwendigkeit auf der Hand, sich noch einmal die Geschichte des Münchener Abkommens zu vergegenwärtigen.

I. „HITLER – DAS IST DER KRIEG"

Am 30. Januar 1933 ergriff Hitler unter dem Zeichen des Kampfes gegen den Kommunismus die Staatsmacht und wurde Reichskanzler. Was bedeutete der Machtantritt Hitlers? Ernst Thälmann, der berühmte Führer der deutschen Arbeiterklasse, sagte: „Hitler – das ist der Krieg!" Wir nennen die Anhänger Hitlers gewöhnlich deutsche Faschisten. Der Faschismus, sagte Dimitroff, ist „die offene, terroristische Diktatur der reaktionärsten, chauvinistischsten, am meisten imperialistischen Elemente des Finanzkapitals"[1]).

Als Hitler an die Macht kam, erhielt die NSDAP von den Kohle- und Stahlmagnaten mit dem Großkapitalisten Thyssen an der Spitze jährlich eine finanzielle Unterstützung von einer Million Reichsmark; das Ruhrkohle-Syndikat beschloß, von jeder verkauften Tonne Kohle fünf Pfennig für die Nazipartei abzuführen, was für Hitler sechs Millionen Reichsmark Unterstützung im Jahr bedeutete. Hitler war der politische Repräsentant der Monopolkapitalisten, der Großgrundbesitzer und der großen Rüstungsmagnate. Seine Nazipartei war eine imperialistische Partei von äußerster Aggressivität. Die deutsche Monopolbourgeoisie wurde damals durch eine schwere Wirtschaftskrise und eine mächtige revolutionäre Bewegung tief erschüttert. Als sie nach innen ihre Herrschaft nur noch mit terroristischen Mitteln ausüben und sich nach außen nur noch durch eine Kriegspolitik aus ihrer schwierigen Lage retten konnte, da erst kam der Faschismus hoch, da erst bekam das politische Ungeheuer Hitler Boden unter den Füßen.

Nachdem Hitler die Staatsmacht an sich gerissen hatte, ließ er unter größtem Propagandaaufwand die in seinem Buch „Mein Kampf" zusammengebrauten reaktionären mittelalterlichen Ansichten verbreiten, besonders die ultrareaktionäre Theorie der „Überlegenheit der Rasse" sowie die „Lebensraum"-Theorie, um so für seine Gewaltpolitik und seinen Hegemonismus eine breite öffentliche Meinung zu schaffen. Er nannte das deutsche Volk das „höchste Menschentum"[2]) auf der Erde. Er verlangte: „Was wir brauchen, das ist eine Auslese: Männer, aus einer neuen Schicht von Herrenmenschen ausgewählt, die sich nicht . . .

von einer Mitleidsmoral treiben lassen. Diese Herrenschicht muß wissen, daß sie das Recht hat zu befehlen, und zwar eben auf Grund der Tatsache, daß sie einer höheren Rasse angehört. Sie muß dieses Recht verteidigen und rücksichtslos aufrechterhalten."[3]) Er erklärte, „das Ziel der deutschen Politik sei die Sicherung und Erhaltung der Volksmasse und deren Vermehrung, somit handle es sich um das Problem des Raumes"[4]). Außerdem erklärte er, „was der Güte verweigert wird, hat eben die Faust sich zu nehmen"[5]). Nach der Machtergreifung wurde das auch sein Aktionsprogramm. Er wollte einen neuen Krieg entfachen, nicht nur um die Kolonien, die Deutschland nach dem 1. Weltkrieg verloren hatte, zurückzugewinnen, sondern auch um zu versuchen, die Vorherrschaft in Europa und auf der ganzen Welt zu erringen. Deshalb bedeutete der Machtantritt Hitlers den Krieg. Die Kommunistische Partei Deutschlands warnte seinerzeit: „Wer Hitler wählt, wählt den Krieg!"

Hitler erfüllte nach seinem Machtantritt die Erwartungen der Monopolkapitalisten voll und ganz: Er übte eine faschistische Terrorherrschaft aus. Im Innern unterdrückte er blutig die Kommunistische Partei und die Volksmassen; nach außen rüstete er immer mehr auf, um sich aktiv auf einen Aggressionskrieg vorzubereiten. Schon 28 Tage nach seinem Machtantritt, das heißt in der Nacht zum 28. Februar, inszenierte er nach der Methode „Haltet den Dieb!" den Reichstagsbrand. Dabei wurde — als Antrittsgeschenk für die in-

Adolf Hitler, die Monopolkapitalisten Albert Vögler, Fritz Thyssen und Walter Borbet 1935 im Ruhrgebiet.

und ausländischen Monopolkapitalisten — die „Komintern" zum Sündenbock gemacht. Am 25. November 1936 schlossen Deutschland und Japan den „Antikominternpakt", dem Italien am 6. November 1937 beitrat. Damit war der Drei-Mächte-Block Deutschland, Italien und Japan gebildet. Großspurig sprach man von gemeinsamen Verteidigungsmaßnahmen gegen die Komintern. Hitlers Antikommunismus fand den Beifall der in- und ausländischen Monopolbourgeoisie. Der große deutsche Finanzmagnat Schacht initiierte eine Spende von drei Millionen Reichsmark. Das westliche Monopolkapital, vor allem das amerikanische, half bei der militärischen Aufrüstung Deutschlands. Großangelegte Waffengeschäfte wurden mit Deutschland abgeschlossen. In den ersten 10 Monaten des Jahres 1938 tätigte der amerikanische Waffenhandel mit Deutschland Rüstungsgeschäfte im Werte von 400 000 Dollar und leistete Hilfestellung bei der Gewinnung strategisch wichtiger Rohstoffe wie Magnesium, Beryllium und Aluminium. Die Investitionen amerikanischer Kapitalisten im faschistischen Deutschland beliefen sich auf 1 Milliarde Dollar. Auch England investierte 200 Millionen Dollar. In diesem warmen Dollarregen nahm die wirtschaftliche und militärische Stärke Deutschlands ständig zu. Besonders schnell reaktivierte und entwickelte sich die Rüstungsindustrie. Die deutschen Rüstungsausgaben erhöhten sich von 1933 bis 1938 um fast das Neunfache, insgesamt beliefen sie sich auf 60 Milliarden Reichsmark. 1932 wurden in Deutschland nur 36 Flugzeuge hergestellt; 1939 erreichte die Flugzeugproduktion eine Stückzahl von 8295. Ferner war die deutsche Eisen- und Stahlproduktion größer als die Englands und Frankreichs zusammengenommen.

Diese Veränderung des Kräfteverhältnisses brachte das deutsche Monopolkapital dazu, eine Neuaufteilung der Welt nach Kapital und Macht zu fordern und nach der Vorherrschaft in Europa und auf der ganzen Welt zu greifen. Bekanntlich verläuft die Entwicklung des Kapitalismus in der Epoche des Imperialismus extrem ungleichmäßig. Die Folge ist eine heftige Rivalität unter den kapitalistischen Staaten. Aus diesem Grund ist der Krieg zwischen den imperialistischen Ländern unvermeidlich. Imperialismus bedeutet daher Krieg. Wie Lenin feststellte, *„ist für den Imperialismus wesentlich der Wettkampf einiger Großmächte in ihrem*

Streben nach Hegemonie".* Im Kampf um die Hegemonie waren die Ambitionen Deutschlands, Italiens, Japans und anderer Länder besonders groß, sie ergriffen die Offensive, während England und Frankreich, die nichts unversucht ließen, ihre angestammten Interessen zu wahren, sich in der Defensive befanden. Deshalb ging damals die Gefahr eines Weltkrieges hauptsächlich vom faschistischen Block Deutschland, Italien und Japan, in Europa besonders von Deutschland aus. Hitler erklärte unverblümt: „Grundsätzlich habe ich die Wehrmacht nicht aufgestellt, um nicht zu schlagen. Der Entschluß zum Schlagen war immer in mir."[6]

Zur Zeit des Machtantritts von Hitler steckte der deutsche Militarismus noch in den Kinderschuhen, deshalb wandte Hitler die Politik an, „ständig von Frieden zu reden, insgeheim aber den Krieg vorzubereiten", und spielte ein lautes, auf die westliche Außenpolitik berechnetes antikommunistisches Theater. Hitler wandte eine Doppeltaktik an. Im Mai 1935 hielt er im Reichstag eine „Friedens"rede, in der er hoch und heilig versicherte, keinen Krieg zu wollen, und stellte fest, daß der Krieg ohne Nutzen sei und von den Menschen aufs äußerste verabscheut werde. Ferner sagte er, daß sich Deutschland auf keinen Fall den Vorstellungen anderer Länder beugen werde. Er versprach auch, großzügig abzurüsten, und verkündete: „Die deutsche Reichsregierung ist bereit, jeder Beschränkung zuzustimmen, die zu einer Beseitigung der gerade für den Angriff besonders geeigneten Waffen führt."[7] Hitlers Friedenslitaneien waren betrügerisches Geschwätz; denn zu seinen Parteigängern sagte er: „Nach außen werden wir von Frieden und von Frieden reden, im Innern jedoch müssen wir auf den Krieg eingestellt sein." Daraus können wir ersehen, daß die imperialistischen Aggressoren, wenn sie einen Krieg entfesseln wollen, gleichzeitig immer von Frieden reden. Schon lange zuvor hatte Lenin dazu gesagt: *„Wir kämpfen gegen den Betrug der Regierungen, die alle die Worte Frieden und Gerechtigkeit im Munde führen, in der Tat aber räuberische Eroberungskriege führen."***

---

* Lenin, „Der Imperialismus als höchstes Stadium des Kapitalismus", Peking 1974, S. 112; sowie: Werke, Bd. 22, S. 273
** Lenin, „Zweiter Allrussischer Kongreß der Sowjets der Arbeiter- und Soldatendeputierten", Werke, Bd. 26, S. 242 f.

Eine andere Taktik Hitlers bestand darin, „im Osten ein Scheinmanöver durchzuführen, um dann im Westen anzugreifen". Einerseits erklärte er: „Was auch kommen mag, wir werden unsere Angriffe gegen den Osten fortsetzen. Rußland muß aus der Liste der europäischen Staaten verschwinden." Andererseits sagte Hitler insgeheim, „die deutsche Politik habe mit den beiden Haßgegnern England und Frankreich zu rechnen"[8], er sei gezwungen, „den Westen zu schlagen und dann nach seiner Niederlage mich mit meinen versammelten Kräften gegen die Sowjetunion zu wenden"[9], „der Krieg mit England und Frankreich wird ein Krieg auf Leben und Tod"[10].

Hitler führte im Osten ein Scheinmanöver durch, um seine tatsächliche Einstellung zu verbergen. In Wirklichkeit richtete er sein Hauptaugenmerk auf Westeuropa, denn um eine Grundlage für die schrittweise Unterwerfung der Welt zu schaffen, brauchte er die Wirtschaftsmacht, die Rohstoffe und die strategisch günstige Lage Westeuropas, und diese konnte er nur durch die Eroberung Westeuropas bekommen. Mit seiner Taktik „Scheinmanöver im Osten, Angriff im Westen" verzichtete Hitler natürlich keineswegs auf einen Angriff gegen den Osten. Aufgrund des ungünstigen Kräfteverhältnisses wagte Hitler dies jedoch nicht. Im Osten nämlich ragte die von Stalin geführte Sowjetunion empor. Ihre Stärke war so groß, daß Hitler nicht den Mut hatte, leichtfertig zu handeln und in dieses offene Messer zu laufen. Gleichzeitig waren es England und Frankreich und nicht die Sowjetunion, die mit Deutschland um die Herrschaft in Europa und der Welt und um Kolonien und Einflußsphären rivalisierten. Deutschlands Kampf um Vorherrschaft gegen England und Frankreich war direkter und schärfer als die Widersprüche zur sozialistischen Sowjetunion. Hitlers Trick war hauptsächlich auf die antikommunistische Außenpolitik Englands und Frankreichs berechnet.

Ferner erweckte er unter Ausnutzung der Antikriegsstimmungen in England und Frankreich absichtlich den Anschein eines „Westens ohne Krieg" und erklärte seine Bereitschaft zur „friedlichen Zusammenarbeit" mit dem Westen. Befangen in ihrer antisowjetischen und antikommunistischen Natur, glaubten England, Frankreich und andere imperialistische Länder der Hitlerpropaganda vom „Angriff im Osten" und tolerierten bereitwillig Hitlers Offensive

„Kanonen statt Butter."

gegen den Osten. Chamberlain und andere betrieben „politische Beschwichtigung", verfolgten hartnäckig den Kurs, „das Unheil nach Osten zu lenken", und unterstützten tatkräftig die Aufrüstung des faschistischen Deutschlands und somit seinen Weg zum Krieg. England exportierte 1937 eine Million Tonnen Alteisen und Eisenerz nach Deutschland und erhöhte im darauffolgenden Jahr diese Exporte auf 1,7 Millionen Tonnen.

Um die Deutschland durch das Versailler System* aufgezwungenen Rüstungsbeschränkungen abzuschütteln, zog Hitler sich am 14. Oktober 1933 unter dem Vorwand der nicht vorhandenen Gleichberechtigung Deutschlands in der Rüstung aus der Genfer Abrüstungskonferenz zurück. Fünf Tage später trat Deutschland auch aus dem Völkerbund** aus. Im August 1934 gab Hitler den geheimen Befehl, die durch den Versailler Vertrag festgelegte Truppenstärke von 100 000 Mann auf 300 000 zu erhöhen und die Anzahl der Marinesoldaten zu verdoppeln. Am 13. März 1935 gab er ferner den Aufbau einer Luftwaffe bekannt. Drei Tage später wurde das Gesetz zur Einführung der allgemeinen Wehrpflicht und der Aufbau eines Heeres von über 500 000 Soldaten, bestehend aus 12 Korpskommandos und 36 Divisionen, verkündet. 1936 gab Hitler einen Vierjahresplan zum Ausbau der Rüstung bekannt. Am 21. Mai 1935 richtete er das „Amt eines Generalbevollmächtigten für die Kriegswirtschaft" ein und ließ unter der Parole „Kanonen statt Butter" die Kriegsproduktion auf Hochtouren laufen und große Mengen Vernichtungswaffen herstellen.

* Mit Versailler System sind die allgemeinen Festlegungen des 5. Punktes des Versailler Friedensvertrags in bezug auf die Beziehungen zwischen den Ländern nach dem Kriege gemeint. Sein Hauptinhalt und Wesen liegt in der Konsolidierung der Interessen Englands, Frankreichs, Amerikas, Japans und anderer imperialistischer Staaten bei der Neuaufteilung der Kolonien und im Kampf gegen die sozialistische Sowjetunion und die revolutionären Bewegungen aller Länder. In der Rüstung legte der Versailler Friedensvertrag Deutschland zahlreiche Beschränkungen auf.
** Auf der Pariser Friedenskonferenz 1919 wurde das insgesamt 26 Artikel umfassende Statut des Völkerbundes verabschiedet. Am 10. Januar des folgenden Jahres trat das Statut in Kraft. Nach seiner Gründung wurde der Völkerbund faktisch von England und Frankreich beherrscht und diente ihren imperialistischen Interessen. Nach Ausbruch des II. Weltkriegs stellte der Völkerbund seine Tätigkeit ein; 1946 verkündete er seine offizielle Auflösung.

Durch die allgemeine Aufrüstung und Kriegsvorbereitung erstarkte der deutsche Militarismus erneut, und Hitlers Panzer begannen zu rollen. Am 7. März 1936 besetzten drei bewaffnete deutsche Bataillone die demilitarisierte Zone des Rheinlandes. Zwei Stunden nach dem Einmarsch erklärte Hitler im Reichstag, dies sei geschehen, um der „bolschewistischen Bedrohung" zu begegnen, und daher habe „die Deutsche Reichsregierung mit dem heutigen Tage die volle und uneingeschränkte Souveränität des Reiches in der demilitarisierten Zone des Rheinlandes wieder hergestellt"[11]). Als Hitler das sagte, erhoben sich die 600 Reichstagsabgeordneten in ihren braunen Naziuniformen mit den langen Schaftstiefeln und bereiteten Hitler eine Ovation.

Tatsächlich war der Einmarsch der Hitlertruppen ins Rheinland sehr abenteuerlich, denn Deutschland war damals militärisch zu schwach für einen Krieg mit England und Frankreich. Als der deutsche Generalstab den Befehl zum Einmarsch gab, erhielten die Truppen gleichzeitig ein geheimes Schreiben mit der Anweisung, es erst bei einem Zusammenstoß mit französischen Truppen zu öffnen. Darin hieß es: Bei Widerstand französischer Truppen sofortiger Rückzug auf das rechte Rheinufer. Auch Hitler gab später zu: „Die 48 Stunden nach dem Einmarsch ins Rheinland sind die aufregendste Zeitspanne in meinem Leben gewesen. Wären die Franzosen damals ins Rheinland eingerückt, hätten wir uns mit Schimpf und Schande wieder zurückziehen müssen, denn die militärischen Kräfte, über die wir verfügten, hätten keineswegs auch nur zu einem mäßigen Widerstand ausgereicht."[12]) England und Frankreich jedoch, die beide zusammen über 100 Divisionen verfügten, überließen den drei deutschen Bataillonen ohne Widerstand den Sieg und ermöglichten es so Hitler, sein Ziel zu erreichen.

Um England und Frankreich zu beruhigen, richtete Hitler sofort nach dem Einmarsch ins Rheinland an die westliche Adresse das Versprechen, „nun erst recht für eine Verständigung der Völker Europas und insbesondere für eine Verständigung mit unseren westlichen Völkern und Nachbarn einzutreten"[13]). Befangen in ihrem reaktionären Denken, betrachtete die englische Regierung Deutschland als antibolschewistische Stoßkraft. Der englische Premierminister Baldwin betonte, daß er keine Truppen einsetzen

7. März 1936: Einmarsch deutscher Truppen in die entmilitarisierte Zone des Rheinlandes.

werde, und bewegte Frankreich dazu, ebenso zu handeln.

Beide Länder ergriffen gegen die deutschen Truppen nicht nur keine Widerstandsmaßnahmen, sondern ließen es sogar zu, daß in der entmilitarisierten Zone des Rheinlandes wieder Verteidigungsanlagen errichtet wurden. Die Regierungen Englands und Frankreichs wollten mit diesem Zugeständnis Hitler ein sicheres Hinterland für einen Angriff in Richtung Osten geben. Mit Unterstützung der westlichen Länder rüstete das faschistische Deutschland im großen Umfang weiter auf. Nach dem englisch-deutschen Flottenabkommen von 1935 durfte Deutschland seine Kriegsmarine auf eine Stärke bringen, die 35 Prozent der Gesamttonnage Englands entsprach. Damals betrug die Gesamttonnage der englischen Flotte 1,2 Millionen Bruttoregistertonnen (BRT), und Deutschland durfte demnach seine Flotte auf 420 000 BRT erweitern. Da sie aber zu jenem Zeitpunkt nur 78 000 BRT hatte, konnte Deutschland seine Gesamttonnage um 342 000 BRT erhöhen. Und Deutschland baute dann auch rasch die verschiedensten Typen von Unterseebooten, Kreuzern und Zerstörern.

Nachdem das faschistische Deutschland mit der Wiederaufrüstung begonnen hatte, streckte es auch schon seine

Hände nach den englischen und der französischen Einflußsphären aus. 1936 führte es zusammen mit den italienischen Faschisten in der spanischen Republik eine bewaffnete Intervention durch. Nach einem von Deutschland und Italien aufgestellten Plan führten die spanischen Faschisten eine bewaffnete Meuterei durch. Die deutschen und italienischen Faschisten lieferten nicht nur große Mengen Militärausrüstung, Flugzeuge und Panzer, sondern schickten auch Truppen nach Spanien. Die herrschenden Cliquen in England und Frankreich, die vor den revolutionären Kräften in Spanien zitterten, reagierten auf diese Aggressionsakte mit einer „Politik der Nichteinmischung". Diplomatische Noten wurden ausgetauscht und Erklärungen abgegeben, daß kein Kriegsmaterial an Spanien und seine Kolonien ausgeführt werden dürfe. Diese Politik der „Nichteinmischung" der englischen und der französischen Regierung bewirkte jedoch nur, daß die deutschen und italienischen Faschisten noch skrupelloser ihre Aggression betrieben. Sie verlegten ganze Divisionen nach Spanien und schlossen gemeinsam mit den putschenden Truppen Madrid, die Hauptstadt der Republik, ein und griffen sie an. Die spanische Regierung bat England und Frankreich um Vermittlung, was beide jedoch kategorisch ablehnten. So sahen sie zu, wie die bewaffnete faschistische Intervention in Spanien siegreich war und die dortige demokratische Regierung erdrosselte. Im Zuge ihrer Aggression in Spanien dehnten die deutschen und italienischen Faschisten ihre Kollaboration weiter aus. Am 25. Oktober 1936 unterzeichneten Deutschland und Italien ein Abkommen, in dem festgelegt wurde, daß sich Italien bei einer Angliederung Österreichs an Deutschland neutral verhält und Deutschland die gewaltsame Annexion Abessiniens durch Italien anerkennt.

Am 24. Juni 1937 ließ Hitler einen Plan aufstellen, der für 1937/38 die Möglichkeit eines Krieges einkalkulierte, sowie ein Kriegsprogramm, das unter anderem den „Fall Grün" enthielt. Der „Fall Grün" war der militärische Plan zur Durchführung eines Überraschungsangriffes auf die Tschechoslowakei. Nach diesem Plan sollte die Tschechoslowakei zerschlagen und besetzt werden. Dafür sollten zuerst „die politischen und völkerrechtlichen Voraussetzungen" [14] geschaffen werden. Am 5. November des gleichen Jahres fand eine wichtige militärische Besprechung Hitlers mit den führenden Köpfen von Armee und Staat statt. Sie war ein wichtiges Kettenglied im Prozeß der Entfesselung des II. Weltkrieges durch Hitler. Auf dieser vier Stunden dauernden Unterredung äußerte Hitler seine Gedanken zur „Lage". Seine Aussagen lassen sich zu einigen Punkten zusammenfassen: Bei den Deutschen bestände "... das Anrecht auf größeren Lebensraum mehr als bei anderen Völkern" [15] und zur Lösung dieser Frage „könne es nur den Weg der Gewalt geben" [16]. Hitler verkündete, Deutschland werde die europäischen Kernlande besetzen und es „müsse ... unser 1. Ziel sein, die Tschechei und gleichzeitig Österreich niederzuwerfen" [17]. Er gab detaillierte Erläuterungen zum „Fall Grün". Zu jener Zeit wurde festgelegt, daß die gesamte deutsche Wehrmacht dem direkten Kommando Hitlers unterstellt wird, und unmißverständlich wurde gesagt, daß sich die Wehrmacht auf einen Krieg vorzubereiten habe, zu dem es 1937/38 kommen könnte. Die Entfesselung eines Aggressionskrieges war der unabänderliche Kurs Hitlers. Seine reaktionäre Natur konnte sich nicht ändern. Kriegstreiber werden niemals ihr Schlächtermesser aus der Hand legen. 1937 trat Hitler immer aggressiver und herausfordernder auf; am europäischen Himmel zogen dunkle Wolken auf; die Kriegsgefahr wurde immer bedrohlicher.

Damals, angesichts der Offensive der deutschen Faschisten, gab es in der internationalen Politik eine breite Beschwichtigungsströmung, und Chamberlain war ihr Hauptvertreter. Die englische, die französische und die amerikanische Regierung hatten gegenüber den Aggressionsakten der deutschen, italienischen und japanischen Faschisten ständig eine reaktionäre „Nichteinmischungs"politik betrieben. Als 1937 Chamberlain die Regierung übernahm, wurde diese Politik der Beschwichtigung bedeutend verstärkt. Chamberlain entschloß sich zu einer Politik der Verhandlungen mit dem Diktator. Um das Verhandlungsklima zu verbessern, ernannte er den deutschfreundlichen Henderson zum Botschafter in Deutschland. Bevor er sich auf seinen Posten begab, bekam er von Chamberlain dreimal eingeschärft, daß er „mit ganzer Kraft mit der Naziregierung zusammenarbeiten" solle. Henderson hielt dann auch sofort nach seiner Ankunft in Deutschland eine lange deutschfreundliche Rede. Chamberlain hatte die Illusion, durch Zugeständnisse an Deutschland und durch Befriedigung seiner territorialen Forderungen in Osteuropa zu einem friedlichen Ausgleich mit Deutschland zu kommen. Er erklärte, daß „die gespannte Lage gewaltig entschärft werden kann, solange wir mit den Deutschen an einem Tisch sitzen und ihre Klagen und Forderungen mit einem Bleistift abhaken".

Im November 1937 fand in Berlin eine Jagdausstellung statt. Diese Gelegenheit nutzte Chamberlain und sandte seinen persönlichen Vertrauten, den Schatzminister Halifax, dorthin, um mit Hitler Kontakte zu knüpfen. Im Namen der englischen Regierung pries Halifax Hitler „als Bollwerk des Westens gegen den Bolschewismus" [18]), er brachte zum Ausdruck, daß England sich dem deutschen Plan nicht widersetze, nach Osten zu expandieren, und daß zwischen England und Deutschland ein „besseres Verständnis" herbeigeführt werden sollte. Ferner äußerte er den Wunsch, daß Deutschland Italien und daß England Frankreich für die Zusammenarbeit zur „Schaffung eines dauernden europäischen Friedens" gewinnen sollen. Auch der französische Staatspräsident drückte 1937 sein volles Verständnis für den Wunsch Deutschlands aus, seinen Einfluß in Ost- und Mitteleuropa zu verstärken. Im November 1937 erhielt der amerikanische Botschafter in Frankreich die Mission, nach Deutschland zu reisen, um zum Ausdruck zu bringen, daß auch Amerika den deutschen Plan zur Abänderung der Grenzen in Osteuropa unterstütze.

In England waren nicht alle mit Chamberlains Beschwichtigungspolitik einverstanden. Unter den bürgerlichen Politikern gab es Leute wie Churchill, die eine andere Auffassung vertraten. Chamberlain zwang am 20. Februar 1938 seinen Außenminister Eden, der andere Ansichten vertrat als er, zum Rücktritt und ernannte den aktiven Befürworter der Appeasementpolitik Halifax zum Nachfolger.

ANMERKUNGEN DES ÜBERSETZERS

1) Georgi Dimitroff, „Die Offensive des Faschismus und die Aufgaben der Kommunistischen Internationale im Kampf für die Einheit der Arbeiterklasse gegen den Faschismus", Ausgewählte Schriften 1933 - 1945, Köln 1976, S. 97
2) Adolf Hitler, „Mein Kampf", München 1933, S. 439
3) Alan Bullock, „Hitler. Eine Studie über Tyrannei", Düsseldorf 1959, S. 153
4) Herbert Michaelis, Ernst Schraepler (Hrsg.), „Ursachen und Folgen. Vom deutschen Zusammenbruch 1918 u. 1945 bis zur staatlichen Neuordnung Deutschlands in der Gegenwart. Eine Urkun-

den- und Dokumentensammlung zur Zeitgeschichte", Berlin (1964—1969), Bd. 11, S. 545
5) J. C. Fest, „Hitler. Eine Biographie", Frankfurt Berlin Wien 1973, S. 306
6) Max Domarus, „Hitler. Reden und Proklamation 1932—1945", Würzburg 1962, S. 1423
7) Michaelis, Schraepler, a. a. O., Bd. 10, S. 349
8) Michaelis, Schraepler, a. a. O.. Bd. 11, S. 548
8a) „Die Deutschen in der Tschechoslowakei 1933—1947, Dokumentensammlung". Prag 1964, S. 47
9) Fest, a. a. O., S. 801
10) „Der Prozeß gegen die Hauptkriegsverbrecher vor dem Internationalen Militärgerichtshof Nürnberg 11. November 1945 — 1. Oktober 1946 (IMGN), Nürnberg 1947, Bd. XXXVII, S. 551
11) „Reden des Führers. Politik und Propaganda Adolf Hitlers 1922—1945", München 1967, S. 175
12) Paul Schmidt, „Statist auf diplomatischer Bühne 1923—1945", Frankfurt Bonn 1964, S. 320
13) Michaelis, Schraepler, a. a. O., Bd. 10, S. 427
14) Michaelis, Schraepler, a. a. O., Bd. 12, S. 154
15) IMGN, Bd. XXV, S. 404
16) ebenda, S. 408
17) ebenda, S. 409
18) Michaelis, Schraepler, a. a. O., Bd. 11, S. 396

II. DER WEG NACH MÜNCHEN

Nach der bewaffneten Intervention Hitlerdeutschlands in Spanien steckte sich Hitler ein neues Aggressionsziel: „... die Tschechei und gleichzeitig Österreich niederzuwerfen, um die Flankenbedrohung eines etwaigen Vorgehens nach dem Westen auszuschalten..." [1)]

Nachdem Hitler über die kompromißbereite Haltung der westlichen Staaten Klarheit gewonnen hatte, wagte er es, mit harten Mitteln gegen Österreich vorzugehen. Am 12. Februar 1938 zitierte er den österreichischen Bundeskanzler Schuschnigg nach Deutschland und befahl ihm, seine Unterschrift unter einen Vertrag, der die Auslieferung Österreichs bedeutete, zu setzen. Er brüllte: „Sie können meine Bedingungen nicht diskutieren, Sie müssen sie annehmen, wie ich sie stelle. Wenn Sie widersprechen, zwingen Sie mich bloß, Ihr ganzes System zu vernichten." [2)] Im März richtete Hitler an die österreichische Regierung eine letzte Note, zwang Schuschnigg zum Rücktritt und machte den österreichischen Nazi Seyß-Inquart zum Oberhaupt der Regierung. Am Morgen des 14. März marschierten deutsche Truppen in Österreich ein; Österreich wurde in einen Teil des Reichs verwandelt. Mit der Methode der Erpressung und Einschüchterung gelang es Hitler, ohne daß auch nur ein Schuß fiel, das deutsche Territorium um 17 % und die Einwohnerzahl um 10 % zu erweitern. Die fast 50.000 Offiziere und Soldaten Österreichs wurden ebenfalls in die deutsche Wehrmacht eingegliedert.

Die Annexion Österreichs war ein lang gehegter Traum Hitlers. In seinem Buch „Mein Kampf" schrieb er, daß die Wiedervereinigung Österreichs und Deutschlands „eine mit allen Mitteln durchzuführende Lebensaufgabe"[3)] sei. Der Grund, warum er so handeln mußte, war die strategisch wichtige Lage Österreichs. Durch die Besetzung Österreichs wurde die Tschechoslowakei von drei Seiten her eingekreist und die Tür zum Angriff auf Südosteuropa und die Balkanhalbinsel weit geöffnet. Die gewaltsame Annexion Österreichs war der erste Schritt Hitlers zur Unterwerfung Europas.

Der nach dem I. Weltkrieg abgeschlossene Vertrag von St. Germain[4)] enthielt folgende Bestimmung: England und

Frankreich verpflichten sich, die Unverletzlichkeit der Unabhängigkeit Österreichs zu garantieren. Aber als die Unabhängigkeit Österreichs tatsächlich von den Faschisten verletzt wurde, da war dieser Vertrag für England, Frankreich und andere Länder nur ein Fetzen Papier. Der englische Premierminister erklärte, England habe „gegenüber Österreich keine Verpflichtung, in Aktion zu treten".[5] Ferner sagte er, man dürfe die „kleinen und schwachen Länder nicht in dem Glauben wiegen, bei Widerstand gegen Aggression Unterstützung vom ‚Völkerbund' zu erhalten". Sonst würde man sie „in die Irre führen"[6]. England war entschlossen, Österreich zu opfern. Schon im November 1937 äußerte sich Halifax gegenüber Hitler, daß sich England der deutschen Lösung der österreichischen und der tschechoslowakischen Frage nicht widersetzen werde, „England sei nur daran interessiert, daß diese Änderungen im Wege friedlicher Evolution zustande gebracht würden und daß Methoden vermieden würden, die weitergehende Störungen ... verursachen könnten"[7]. Und Chamberlain gab Hitler sogar zu verstehen: „Gebt uns Sicherheit, daß ihr keine Gewalt braucht in der Österreich-Tschechen-Frage, und wir sichern euch zu, daß wir keine Gewalt gebrauchen wollen, um die Änderung zu verhindern, die ihr wünscht, wenn ihr sie durch friedliche Mittel erreichen könnt"[8].

Erst die Beschwichtigungspolitik der englischen und der französischen Regierung ermöglichte es Hitler, ganz Österreich ohne kriegerische Auseinandersetzung zu besetzen. Der Vorsitzende Mao legte 1939 die Absicht dieser Appeasementstrategen bloß: *„Als es um Spanien, um China, um Österreich und um die Tschechoslowakei ging, hatten diese Verschwörer nicht nur nicht die geringste Absicht, die Aggression zu unterbinden, sondern ließen im Gegenteil der Aggression freien Lauf und schürten den Krieg, indem sie die Rolle spielten wie jener Fischer, der die Rauferei einer Schnepfe mit einer Muschel benutzte, um beide zu fangen. Das nannten sie euphemistisch ‚Nichteinmischung'. In Wirklichkeit bedeutet das ‚auf dem Berg sitzend dem Kampf der Tiger zuschauen'."**

---

* Mao Tsetung, „Die Interessen der Sowjetunion fallen mit den Interessen der gesamten Menschheit zusammen", Ausgewählte Werke, Bd. II, S. 321

Tagebucheintragung des englischen Premierministers Neville Chamberlain vom 20. März 1938

Franco gewinnt in Spanien mit Hilfe deutscher Geschütze und italienischer Flugzeuge. Daneben besteht eine französische Regierung, in die man nicht das geringste Vertrauen setzen kann. Die Russen ziehen insgeheim und verschlagen alle Fäden hinter der Szene, um uns in einen Krieg mit Deutschland zu verwickeln. Unser Geheimdienst bringt seine Zeit nicht damit zu, aus dem Fenster zu schauen. Die Deutschen sind aufgebläht vor Triumph und ihrer Macht allzusehr bewußt. Die Aussichten sind in der Tat schwarz. ... Man braucht nur auf die Landkarte zu sehen, um zu erkennen, daß nichts, was Frankreich und wir tun können, möglicherweise die Tschechoslowakei davor bewahren kann, von den Deutschen überrannt zu werden, wenn das Deutsche Reich es will. Die österreichische Grenze ist praktisch offen, die großen Skoda-Werke sind innerhalb der Reichweite der deutschen Bomber, die Eisenbahnen gehen alle durch deutsches Gebiet. Rußland ist meilenweit entfernt. Wir können daher der Tschechoslowakei nicht helfen. Sie würde nichts als ein Vorwand für uns sein, Krieg mit Deutschland anzufangen. Daran aber dürfen wir nur denken, wenn wir eine vernünftige Aussicht haben darauf, Deutschland in einer angemessenen Zeit auf die Knie zu zwingen, und ich sehe dafür keinerlei Aussichten. Ich habe daher jegliche Idee fallen lassen, der Tschechoslowakei Garantien zu geben oder den Franzosen im Zusammenhang mit ihren Verpflichtungen gegenüber der Tschechoslowakei Versprechungen zu machen.

Michaelis, Schraepler, a.a.O., Bd. 12, S. 97

Die Politik der englischen und der französischen Regierung steigerte Hitlers Aggressivität. Nach der Einverleibung Österreichs war die Tschechoslowakei sein nächstes Ziel. Die Intervention in der Tschechoslowakei war ein Ziel, das die deutschen Faschisten schon seit langem verfolgten; sie mußten nur auf eine günstige Gelegenheit warten und einen geeigneten Vorwand finden. Ein solcher Vorwand wurde das an Deutschland grenzende Sudetenland, das zum unantastbaren Hoheitsgebiet der Tschechoslowakei gehörte. Innerhalb der tschechoslowakischen Grenzen lebten 3,25 Millionen Deutsche, von denen der überwiegende Teil im Sudetenland beheimatet war. Die deutschen Faschisten benutzten diese Lage, um einen Streit mit der Tschechoslowakei vom Zaun zu brechen.

Nach seinem Machtantritt ließ Hitler durch seinen Agenten Konrad Henlein die Sudetendeutsche Partei (SdP) organisieren, die in Wirklichkeit die Fünfte Kolonne* Deutschlands in der Tschechoslowakei, ein Zweig der NSDAP war. Vom deutschen Außenministerium erhielt sie monatlich 15 000 RM zur Finanzierung ihrer Tätigkeit. Henlein war ein ergebener Lakai Hitlers und wurde deshalb „Kleiner Hitler" genannt. Zunächst indirekt und später offen warb er für den deutschen Faschismus. In seinem Vortrag über den „Freiheitskampf der Sudetendeutschen" sagte er: „Der Kampf für Großdeutschland wurde auch auf sudetendeutschem Boden geführt."8a) Er hatte es sich wie er dort erklärte, zu seiner ureigensten „politischen Aufgabe" gemacht, „die Tschechoslowakei ... zu vernichten".

Zwei Wochen nach der Annexion Österreichs zitierte Hitler Henlein nach Berlin und führte mit ihm am 28. März 1938 in Anwesenheit des Außenministers Ribbentrop ein dreistündiges Geheimgespräch. Hitler gab ihm die Anweisung, in der Tschechoslowakei ständig Zwischenfälle zu inszenieren und durch die Sudetendeutsche Partei Forderungen zu stellen, die für die tschechoslowakische Regierung unannehmbar sind. Henlein zog daraus den Schluß: „Wir müssen also immer so viel fordern, daß wir nicht zufriedengestellt werden können."9) Daraus wird deutlich, daß die sogenannte Frage des „Sudetenlandes" nur ein Vorwand war, den Hitler benutzte, um Zwistigkeiten und umstürzlerische Aktivitäten zu schüren. Seine Absicht war es, die Tschechoslowakei zu vernichten, ihr Hoheitsgebiet und die Bevölkerung dem faschistischen Deutschland einzuverleiben.

Nach seiner Rückkehr berief Henlein im April eine Hauptversammlung der SdP ein, auf der er ein „Selbstverwaltungsprogramm" aufstellte, das in Wirklichkeit darauf hinauslief, das Sudetenland von der Tschechoslowakei abzuspalten. Dies war von großer Bedeutung für das Territorium und die Souveränität der Tschechoslowakei. Eine Folge der Annexion Österreichs war, daß die Tschechoslowakei von drei Seiten von Deutschland eingekreist war. Wenn die Tschechoslowakei ihr Grenzgebiet, dessen hohe Berge einen natürlichen Schutzwall bildeten, verlieren würde, wäre die

---

* Mit „Fünfte Kolonne" sind Geheimagenten und Spione gemeint, die für den Imperialismus in anderen Ländern umstürzlerische Aktivitäten betreiben.

Klement Gottwald (Mitte), Führer der Kommunistischen Partei der Tschechoslowakei, spricht vor 20 000 Teilnehmern eines tschechisch-deutschen Volkskulturfestes am 26. Juni 1938 in Liberec (Reichenberg).

Tschechoslowakei kaum noch in der Lage, sich zu verteidigen. Unter dem Druck des Volkes lehnte die damalige tschechoslowakische Regierung die Forderung Henleins nach „umfassender Selbstverwaltung" im Grenzgebiet ab. Daraufhin konzentrierte Hitler am 20. Mai Truppen an der deutsch-tschechoslowakischen Grenze und drohte mit Krieg. Auf diese Weise führte er die sogenannte „Maikrise" herbei. Am 20. Mai nachmittags fand in Prag auf dem Hradschin in Anwesenheit des Staatspräsidenten Benesch eine außerordentliche Regierungssitzung statt, auf der die sofortige Teilmobilmachung beschlossen wurde. Diese entschlossene Reaktion der tschechoslowakischen Regierung ließ Hitler vor Wut explodieren.

Zu jener Zeit entfalteten die Regierungen Englands und Frankreichs hektische Aktivitäten. Frankreich hatte früher mit der Tschechoslowakei einen Beistandspakt abgeschlossen. Als die territoriale Integrität und die Unabhängigkeit der Tschechoslowakei bedroht wurde, wäre Frankreich zur Unterstützung verpflichtet gewesen. Aber von einem Vertrag hat sich der Imperialismus noch nie die Hände binden lassen. Ende April war der französische Staatspräsident

Daladier zu Verhandlungen mit Chamberlain in England. Chamberlain sagte zu Daladier, daß England keinen Krieg für die Tschechoslowakei führen werde, und drängte Frankreich, ebenso zu handeln. Chamberlain und Daladier konnten Hitler keinen größeren Gefallen tun, als sie behaupteten, daß Hitler seinen Landsleuten innerhalb der tschechoslowakischen Grenzen „Gerechtigkeit widerfahren" lassen wolle. Chamberlain behauptete außerdem noch, „es sei nationale Selbstbestimmung und keine Unterwerfung, was Hitler fordere". Die englische und die französische Regierung bemühten sich mit aller Kraft, Hitler entgegenzukommen. Der deutsche Botschafter in London, Dirksen, berichtete: „Das gegenwärtige englische Kabinett hat als erstes Nachkriegs-Kabinett den Ausgleich mit Deutschland zu einem seiner wesentlichen Programmpunkte gemacht". Es „bringt darum Deutschland das Höchstmaß an Verständnis entgegen"[10]. Um zu einer Verständigung mit Deutschland zu gelangen, gaben England und Frankreich Hitler in allen Punkten nach. Auf die Tschechoslowakei jedoch übten sie immer wieder Druck aus. So drängten am 7. Mai der englische und der französische Gesandte in Prag gemeinsam die

---

Aus der Rede Chamberlains in der Beratung der britischen und französischen Minister

Herr Neville Chamberlain stellt sich auch die Frage, ob die europäische Lage so düster sei, wie Herr Daladier sie sieht. Er seinerseits zweifle sehr daran, daß Herr Hitler die Vernichtung des tschechoslowakischen Staates bzw. eines reorganisierten tschechoslowakischen Staates wünscht; er glaube nicht, daß der Führer den Anschluß will. Und zweifellos habe Herr Henlein aus diesem Grunde, trotz der Stimmung seiner Anhänger, nichts darüber erwähnt. Selbstverständlich handle es sich hierbei einfach um einen aufgeschobenen Wunsch, auf dessen Realisierung man noch zurückgreifen wird; Benesch müsse jedoch die Möglichkeit gegeben werden, Vorschläge zu machen, die zwar den Charakter des tschechoslowakischen Staates verändern, seine Vernichtung jedoch verhindern würden. Falls Deutschland diese Vernichtung wünscht, so sehe der Premierminister, um ganz offen zu reden, keinen Weg, wie es daran gehindert werden könnte, er glaube jedoch nicht, daß man dies in Berlin wünsche...

Dokumente und Materialien aus der Vorgeschichte des Zweiten Weltkrieges, a.a.O., Bd. 1, S. 113

tschechoslowakische Regierung, bis an die „äußerste Grenze des Möglichen"[11] zu gehen, um die Forderungen der Sudetendeutschen Partei zu erfüllen.

Nach den englisch-französischen Verhandlungen ließ Frankreich Hitler auf diplomatischem Wege heimlich mitteilen, daß es alle Anstrengungen unternehmen werde, um sich von der Beistandspflicht für die Tschechoslowakei zu befreien. England und Frankreich brachten zum Ausdruck, daß sie sich unter keinen Umständen in eine kriegerische Auseinandersetzung verwickeln lassen werden. Chamberlain sagte, sowohl England als auch Frankreich würden keine Truppen zur Unterstützung entsenden; der tschechoslowakische Staat könne in der jetzigen Form nicht weiterbestehen; im Interesse des Friedens stimme England einer Abtretung des Sudetenlandes an Deutschland zu. Nachdem sich Hitler über die englisch-französische Haltung Klarheit verschafft hatte, begann er mit dem Säbel zu rasseln. Am 28. Mai 1938 erklärte er: „Es ist mein unerschütterlicher Wille, daß die Tschechoslowakei von der Landkarte verschwinden muß"[12]. Am 30. Mai wurde eine mit Hitlers Unterschrift versehene neue Weisung bezüglich des „Falls Grün" erlassen, deren erster Satz lautete: „Es ist mein unabänderlicher Entschluß, die Tschechoslowakei in absehbarer Zeit durch eine militärische Aktion zu zerschlagen."[13] Dies zeigt, daß Hitler seine Absicht, durch einen Überraschungsangriff in die Tschechoslowakei einzufallen und sie zu besetzen, nicht geändert hatte.

Es muß festgestellt werden, daß die Appeasementpolitik von der amerikanischen Regierung unterstützt wurde. Der damalige tschechoslowakische Präsident Benesch erinnerte sich später daran und sagte: „Der Botschafter der Vereinigten Staaten von Amerika in London unterstützte stets und vorbehaltlos die ‚Beschwichtigungs'politik von Chamberlain... Auch Daladier betonte mehrmals, daß seine ‚Beschwichtigungs'politik mit dem Standpunkt des amerikanischen Botschafters in London und somit auch mit dem der Vereinigten Staaten völlig übereinstimme."

Am 21. Mai 1938 trat das tschechoslowakische Volk in Aktion, um der Aggression der deutschen Faschisten aktiven Widerstand zu leisten. 40.000 Reservisten erhielten den Einberufungsbefehl. Schnell und diszipliniert waren sie innerhalb von sechs Stunden in die Verteidigungsanlagen eingerückt und standen ihren Posten in den Grenzbefestigungen. Nach dem Bericht eines damaligen Augenzeugen nahmen die Bevölkerung und die Soldaten diese Maßnahme mit Verständnis, Entschlossenheit und Begeisterung auf. Die Mobilmachung sei in vorbildlicher Disziplin durchgeführt worden, denn von allen Einberufenen in der ganzen Armee waren insgesamt nur 18 Mann nicht gekommen. Der Vorsitzende Mao lehrte uns: *„Die stärkste Kraftquelle für die Kriegsführung liegt in den Volksmassen."**) Der heldenhafte Kampf der Volksmassen zeigte, daß das tschechoslowakische Volk ein unbeugsames Volk war. Durch seinen entschiedenen Widerstand wurde Hitler gezwungen, seine Krallen vorübergehend zurückzuziehen und seinen Aggressionsplan zeitweilig aufzugeben.

Von Ende Mai an verhandelte die tschechoslowakische Regierung in Prag mehr als drei Monate lang mit den Henlein-Leuten. Die Henlein-Leute stellten entsprechend der Weisung Hitlers eine unvernünftige Forderung nach der anderen, so daß es unmöglich war, ein Abkommen zu erzielen. Während der Verhandlungen übten die englische und die französische Regierung ständig Druck auf die tschechoslowakische Regierung aus.

Am 3. August 1938 schickte Chamberlain den Großkapitalisten Runciman in einer Sondermission als „Vermittler" nach Prag. Das war ein diplomatischer Winkelzug Chamberlains. Als er am 26. Juli im Unterhaus die Missionsreise Runcimans bekanntgab, sprach er bewußt die Unwahrheit, als er sagte, die Reise „entspräche einem Ersuchen der tschechoslowakischen Regierung"[14]. In Wirklichkeit hatte Chamberlain die tschechoslowakische Regierung zur Zustimmung zu dieser Mission gezwungen. Gegen die Entsendung der Runciman-Delegation hatte die tschechoslowakische Regierung scharfen Protest eingelegt. Dem Anschein nach sollte Runciman eine „Vermittlerrolle" zwischen der Sudetendeutschen Partei und der tschechoslowakischen Regierung spielen, in Wirklichkeit aber sollte er Druck auf die Regierung ausüben und sie dazu bringen, das Sudetenland an Deutschland abzutreten. Stellte die Sudetendeutsche Partei eine Forderung auf, dann drängte er die tschechoslowa-

---

* Mao Tsetung, „Über den langwierigen Krieg", Ausgewählte Werke, Bd. II, S. 220

kische Regierung, diesem Verlangen nachzugeben. Er selbst stellte sogar Forderungen, die Henlein damals nicht offen zu äußern wagte. Er schlug freiweg vor, Deutschland das Sudetenland abzutreten. Militärisch von den deutschen Faschisten bedroht und unter dem politischen Druck Englands und Frankreichs unterbreitete die tschechoslowakische Regierung der Sudetendeutschen Partei mehrmals Lösungsvorschläge, die aber stets die Forderungen dieser Partei nicht zufriedenstellen konnten.

Während Henlein mit der tschechoslowakischen Regierung verhandelte, fanden zwischen London und Berlin die wirklich entscheidenden Verhandlungen statt. Der Sonderbevollmächtigte Chamberlains machte Hitler seine Aufwartung, und der Geheimgesandte Hitlers besuchte London. Hitler behauptete, daß er nach Erfüllung der deutschen Forderungen an die Tschechoslowakei keine territorialen Forderungen habe und bereit sei, mit England ein umfassendes Abkommen zu schließen. Chamberlain antwortete unverzüg-

---

Unterredung des amerikanischen Botschafters in Moskau, Joseph E. Davies, mit Stalin, 5. Juni 1938

Nach etwa zwanzig Minuten Unterhaltung über meine Besichtigungsreisen in den Industriebezirken — wobei sich herausstellte, daß ihm meine Tätigkeit als Kommissar für Handelsgesellschaften und als Vorsitzender der Bundeshandelskommission bekannt war — wollte ich mich verabschieden. Stalin fragte, ob ich eine andere Verabredung habe, und als ich verneinte, meinte er, dann brauche ich doch nicht so zu eilen. Hierauf fragte ich ihn nach seiner Ansicht der europäischen Lage. Er antwortete mir, die Aussichten für den Frieden Europas ständen sehr schlecht, und der Sommer könne ernste Schwierigkeiten bringen. Die reaktionären Elemente in England, vertreten durch die Chamberlain-Regierung, fuhr er fort, trieben eine entschiedene Politik der Stärkung Deutschlands und brächten damit Frankreich in immer stärkere Abhängigkeit von England; dahinter stecke letzten Endes auch die Absicht, Deutschland gegen Rußland stark zu machen. Seiner Meinung nach, bemerkte er, stelle Chamberlain nicht das englische Volk dar, und seine Politik würde wahrscheinlich scheitern, weil die faschistischen Diktatoren den Handel zu weit treiben würden. Die Sowjet-Union, sagte er, hätte volles Selbstvertrauen in ihre Landesverteidigung.

Michaelis, Schraepler, a.a.O., Bd. 12, S. 182

lich, er hoffe, daß Hitler komme, um sich gemeinsam mit der englischen Königin London anzuschauen. In der Frage der Zerstückelung der Tschechoslowakei betrieben England und Deutschland ein schmutziges Geschäft. Tatsächlich fiel die Vorentscheidung über das Schicksal des Sudetenlandes in London. Chamberlain spekulierte schon lange damit, die Erfüllung der deutschen territorialen Forderungen im Osten gegen die englisch-deutsche Verständigung einzutauschen. Er sagte sogar, daß England keine wichtigen Interessen im Osten habe und er Hitler im Osten freien Lauf lassen wolle. Deshalb stellte England der Annexion Österreichs durch Hitler nichts entgegen und half Deutschland auch bei der Verwirklichung seiner Aggressionspläne gegen die Tschechoslowakei. Hitler selbst ging bereits am 5. November 1937 davon aus, „daß mit hoher Wahrscheinlichkeit England, voraussichtlich aber auch Frankreich, die Tschechei im Stillen abgeschrieben"[15] hätten.

Am 5. September empfing Benesch auf dem Hradschin zwei Führer der Sudetendeutschen Partei. Er schob ihnen ein leeres Blatt Papier mit der Aufforderung zu, alle ihre Forderungen aufzuschreiben. Und er versprach ihnen im voraus, sie ihnen sofort zu erfüllen. Am nächsten Tag rief der stellvertretende Vorsitzende der Sudetendeutschen Partei Frank aus: „Mein Gott, sie haben uns alles gegeben!" Aber die Sudetendeutsche Partei und ihr Oberherr in Berlin zeigten nicht die geringste Bereitschaft, die großzügige Haltung von Benesch anzuerkennen, denn sonst hätte ihnen der notwendige Vorwand gefehlt. Auf Anweisung Hitlers brach Henlein am 7. September unter Hinweis auf angebliche Polizeiaktionen willkürlich die Verhandlungen mit der tschechoslowakischen Regierung ab.

Hitler war mit der Abtrennung des Sudetenlandes nicht zufriedenzustellen, er wollte die ganze Tschechoslowakei erobern. Sein Plan war, am 16. September die allgemeine Mobilmachung anzuordnen und bis spätestens 1. Oktober die Tschechoslowakei anzugreifen. Am 6. September wurde in Nürnberg der Reichsparteitag der NSDAP eröffnet. Er war erfüllt vom Kriegsgeschrei der Nazibonzen. Am 12. September, dem Schlußtag des Parteitags, stieß Hitler eine finstere Drohung gegen die Tschechoslowakei aus: „Der Allmächtige ... hat die 7 Millionen Tschechen nicht geschaffen, daß sie 3 1/2 Millionen Menschen überwachen, bevormunden und noch viel weniger vergewaltigen und quälen."[16]) Darüber hinaus drohte er, wenn die Tschechoslowakei nicht alle deutschen Forderungen erfüllen werde, stünde der Krieg unmittelbar bevor. Als Antwort auf Hitlers Rede inszenierte die Sudetendeutsche Partei einen Aufstand. Nach zwei Tagen heftiger Kämpfe wurde er von der tschechoslowakischen Regierung militärisch niedergeschlagen. Henlein flüchtete nach Deutschland. Deutsche Truppen wurden an der deutsch-tschechoslowakischen Grenze zusammengezogen. Die deutsche Regierung ließ in Deutschland lebende Tschechoslowaken verhaften. Am 17. September telegraphierte sie an ihre Gesandtschaft in Prag: „Die Reichsregierung hat beschlossen, daß a) Sofort im Reichsgebiet soviel tschechoslowakische Staatsangehörige ... festgenommen werden sollen, als in der Tschechoslowakei seit Beginn laufender Woche Sudetendeutsche festgenommen worden sind. b) Im Falle des Vollzugs von gegen Sudetendeutsche aufgrund des Standrechts gefällten Todesurteilen jeweils eine gleiche Zahl Tschechoslowaken im Reich erschossen werden."[17]) Durch das geheime Zusammenspiel mit den Sudetendeutschen und durch Drohung und Erpressung wollte Hitler die Abtrennung des Sudetenlandes erreichen und im nächsten Schritt die ganze Tschechoslowakei annektieren.

Besondere Aufmerksamkeit verdient die Tatsache, daß auf jenem Naziparteitag auch ausländische Delegationen anwesend waren, darunter eine 700 Mann starke Delegation der Sudetendeutschen Partei aus der Tschechoslowakei und eine englische Delegation, zu der unter anderem der englische Botschafter in Deutschland, Henderson, gehörte. Vor dem Naziparteitag forderte Deutschland noch nicht formell die Eingliederung des Sudetenlandes, dafür veröffentlichte die Londoner Times zur Eröffnung des Naziparteitags einen unglaublichen Leitartikel, in dem es hieß: „Es würde sich für die tschechoslowakische Regierung lohnen zu prüfen, ob sie den Plan verwerfen sollte, der in einigen Kreisen Anklang gefunden hat; den Plan nämlich, die Tschechoslowakei zu einem homogenen Staat zu machen durch die Abtretung des Saumes der fremden Bevölkerungsgruppen, die an die Nation angrenzen, mit der sie durch die Rasse verbunden sind."[18]) Die englische „Ermahnung" ging sogar noch weiter als die damals von Hitler aufgestellten Forderungen.

Das demonstriert augenfällig, welches Ausmaß die Beschwichtigungspolitik Englands schon erreicht hatte.

Chamberlain, der beim bloßen Gedanken an einen Krieg zitterte und fürchtete, daß der Krieg eine Revolution hervorrufen könnte, schreckte angesichts der Drohungen Hitlers nicht davor zurück, mittlere und kleine Staaten zu opfern, um seinen Seelenfrieden zu bewahren. Er sagte: „Ein bewaffneter Konflikt zwischen Staaten ist für mich ein Alpdruck ... Der Krieg ist etwas Furchtbares".[19] Anfang September, als Hitler mit Krieg drohte und zum Angriff auf die Tschechoslowakei blies, verlor Chamberlain ganz den Kopf und stürzte sich in hektische Aktivitäten, um Hitlers Forderungen zufriedenzustellen. Die französische Regierung geriet ebenfalls in Panik. Am 13. September, also einen Tag nach Hitlers Rede, tagte das französische Kabinett den ganzen Tag. Es war der Ansicht, daß der deutsche Angriff kurz bevorstehe und sofort Verhandlungen herbeizuführen seien. Am Abend desselben Tages wurde der englische Botschafter in Frankreich, Phipps, mitten aus einer Theatervorstellung zu einem Gespräch mit Daladier geholt. Frankreich richtete an Chamberlain die Bitte, zwischen Frankreich und Deutschland Verhandlungen in die Wege zu leiten. Zu dieser Zeit brannte auch Chamberlain schon darauf, die Initiative zu ergreifen.

ANMERKUNGEN DES ÜBERSETZERS

1) Werner Conze, „Der Nationalsozialismus. Teil II", Stuttgart 1962, S. 40
2) „Geschichte der Diplomatie", Berlin 1948, Bd. III/2, S. 272
3) Hitler, a.a.O., S. 1
4) Der Vertrag von St. Germain war Bestandteil des Versailler Vertragssystems.
5) Neville Chamberlain, „In Search of Peace. Speeches (1937–1938)", London (1949), S. 127
6) ebenda, S. 100
7) Helmuth K.G. Rönnefarth, „Die Sudetenkrise in der internationalen Politik", Wiesbaden 1961, S. 46
8) ebenda, S. 48
9) Michaelis, Schraepler, a.a.O., Bd. 12, S. 106
10) Michaelis, Schraepler, a.a.O., Bd. 12, S. 215
11) Akten zur deutschen auswärtigen Politik 1918–1945 (ADAP), Baden-Baden 1950, Serie D, Bd. II, S. 201
12) Rönnefarth, a.a.O., S. 308
13) Michaelis, Schraepler, a.a.O., Bd. 12, S. 191

14) Chamberlain, a.a.O., S. 254
15) IMGN, Bd. XXV, S. 410
16) Dokumente zur Sudetendeutschen Frage 1916—1967, München 1967, S. 212
17) Die Deutschen in der Tschechoslowakei 1933—1947. Dokumentensammlung, Prag 1964, S. 310
18) Rönnefarth, a.a.O., S. 499
19) Michaelis, Schraepler, a.a.O., Bd. 12, S. 423

III. CHAMBERLAINS UNERMÜDLICHE
BESCHWICHTIGUNGSPOLITIK

Am Abend des 13. September 1938 telegraphierte Chamberlain an Hitler: „Im Hinblick auf die zunehmend kritische Lage schlage ich vor, sofort zu Ihnen herüberzukommen, um zu versuchen, eine friedliche Lösung zu finden. Ich schlage vor, auf dem Luftwege zu kommen, und bin morgen zur Abreise bereit." [1]

Mit dem Flugzeug persönlich nach Deutschland zu reisen, war ein Plan, auf den Chamberlain schon lange hingearbeitet hatte. Warum war er so sehr an Verhandlungen mit Hitler interessiert? Weil sie völlig seinem Kalkül entsprachen. Chamberlain sah das zunehmende Erstarken Deutschlands. Er erkannte, daß England auf der ganzen Welt so viele Verpflichtungen hatte, daß seine Kräfte nicht ausreichen, Deutschland, Italien und Japan entgegenzutreten und gleichzeitig seine territorialen, Handels- und sonstigen Interessen zu wahren. Er beschloß deshalb, die Beziehungen zu Deutschland auszubauen in der Absicht, durch Zufriedenstellung von Teilforderungen Hitlers, selbst auf Kosten mittlerer und kleiner Staaten, zu einer Verbesserung der englisch-deutschen Beziehungen zu gelangen. So setzte er seine Hoffnungen auf Verhandlungen mit Hitler. Chamberlain und seinesgleichen vertraten die Ansicht, Hitler sei zwar „bösartig", aber „wenn ein mit Vernunft begabter Engländer in einem passenden Augenblick mit Hitler zusammentrifft und sich mit ihm in passenden Worten unterhält, dann kann dieser ebenfalls vernünftig werden", und „es besteht die Möglichkeit, dessen Bösartigkeit zu verändern". Chamberlain hielt sich für diesen „mit Vernunft begabten Engländer" und wartete daher auf eine günstige Gelegenheit, mit Hitler direkt zu verhandeln. Bösartigkeit verwandelt sich aber ebensowenig in Freundlichkeit wie der Wolf in ein Schaf. In dem Streben Chamberlains nach Verhandlungen mit Hitler steckte überhaupt nichts Gutes, sondern nur der Wunsch, in vertraute Umgebung zu kommen.

Mitte September war nach Meinung Chamberlains eine günstige Gelegenheit für die Realisierung seines Plans, selbst mit Hitler zu verhandeln, gegeben. Dafür mußten bestimmte Bedingungen vorhanden sein. Später schrieb Chamberlain in dem Brief an seine Schwester vom 19. September: „Zwei Sachen waren wichtig: 1. daß der Plan zu einem Zeitpunkt, an dem keinerlei Hoffnung mehr besteht, in die Tat umzusetzen sei, und 2. daß er vollkommen überraschend kommen müsse." [2] Deshalb war er auch nicht bereit, der Provokation, daß Henlein auf Anweisung Hitlers im Sudetenland einen Aufstand inszenierte und eine Krise heraufbeschwor, Einhalt zu gebieten; im Gegenteil, er legte es darauf an, die Lage zuzuspitzen und die Krise zu verschärfen. Er gab Henderson die Anweisung, Hitler nicht wegen der Lage im Sudetenland zu warnen. Darüber hinaus war er entschlossen, diesen Zwischenfall „unverzüglich" für die Realisierung seines Planes zu nutzen. In dem erwähnten Brief vom 19. September schrieb Chamberlain freiweg: „Meine persönliche Auffassung wäre, daß es mich grundsätzlich nicht einen Deut interessiere, ob die Sudetendeutschen im Reich oder außerhalb des Reiches lebten"[3]. Das macht deutlich, daß die friedliche Lösungsmethode, von der Chamberlain in seinem Telegramm an Hitler sprach, von Anfang an die Aufopferung der Tschechoslowakei bedeutete. Hier kommt an den Tag, was Chamberlain, der von sich sagte, daß er „bis in die tiefste Seele hinein ein Mann des Friedens" [4] sei, in Wirklichkeit an Überlegungen im Hinterkopf hatte.

Hitler und Chamberlain am 15. September 1938 in Berchtesgaden bei ihrem ersten Zusammentreffen.

Chamberlains Entscheidung fand die Zustimmung der französischen und der amerikanischen Regierung. Schon bevor das Telegramm an Hitler abgesandt wurde, hatte Daladier am 13. September abends Chamberlain gedrängt, schnell mit Hitler zusammenzutreffen; später drückte er erneut seine „tiefe Zufriedenheit" mit der Initiative Chamberlains aus. Am 14. September gab das State Departement der Vereinigten Staaten eine Erklärung ab, in der die bevorstehenden Gespräche zwischen Chamberlain und Hitler als „historische Konferenz" [5] bezeichnet wurden. Für Hitler kam Chamberlains Telegramm überraschend. Er wäre nicht auf die Idee gekommen, daß sich der große britische Premierminister zu einem Treffen mit ihm herablassen würde. Als er das Telegramm erhielt, freute er sich unbändig und sagte, hämisch grinsend: „Mein Tag!" Er telegraphierte sofort zurück, daß er Chamberlain zu Verhandlungen auf seinem weitentlegenen Berchtesgadener Berghof willkommen heiße.

Am 15. September flog Chamberlain nach München, wo er in den Zug nach Berchtesgaden umstieg. Hitler erschien nicht zum Empfang am Bahnhof, sondern erwartete seinen Gast oben auf der Treppe zu seinem Berghof. Nach Verhandlungsbeginn rühmte Chamberlain zuerst seine Bemühungen um die Verbesserung der englisch-deutschen Beziehungen und die Erzielung eines Abkommens zwischen beiden Ländern. Ferner schlug er vor, zuerst die Frage der englisch-deutschen Beziehungen zu erörtern und dann am zweiten Tag die tschechoslowakische Frage zu diskutieren. Hier enthüllte Chamberlain erneut seine finsteren Absichten: Die Souveränität und territoriale Integrität der Tschechoslowakei betrachtete er nur als Trumpfkarte in seinem Geschäft mit Hitler, die er gegen ein englisch-deutsches Abkommen einzutauschen gedachte. Sein Interesse richtete sich lediglich auf eine Verständigung mit dem faschistischen Deutschland. Bei den Verhandlungen forderte Hitler, daß die Tschechoslowakei ihre Bündnisbeziehungen zu anderen Ländern lösen müsse. Er meinte damit die Auflösung des französisch-tschechoslowakischen Beistandspaktes und des sowjetisch-tschechoslowakischen Vertrages über gegenseitige Hilfe. In diesen beiden Verträgen wurde jeweils festgelegt, daß im Falle einer Bedrohung der Tschechoslowakei Frankreich und die Sowjetunion Hilfe zu leisten hätten. Darüber hinaus legte der sowjetisch-tschechoslowakische Vertrag fest, daß eine Hilfeleistung nur für den Fall in Betracht kommt, daß Frankreich seine Verpflichtung erfüllt. Chamberlain ging gegenüber Hitler absichtlich nur auf die Auflösung des sowjetisch-tschechoslowakischen Pakts über gegenseitige Hilfe ein.

Hitler brannte nicht darauf, die Reihe der heftig umstrittenen Fragen in den englisch-deutschen Beziehungen zu diskutieren, noch weniger wollte er sich durch das Eingehen irgendwelcher Verpflichtungen die Hände binden lassen. Er schob den Tod von 300 Sudetendeutschen in der Tschechoslowakei vor, um der tschechoslowakischen Frage einen derart dringlichen Charakter zu verleihen, daß sie unverzüglich diskutiert und gelöst werden müßte. Dann hielt er eine lange Rede, in der er seine Entschlossenheit zum Ausdruck brachte, daß er „in kürzester Frist diese Frage — so oder so — aus eigener Initiative regeln" [6]) werde. Er drohte auch, daß er bereit sei, einen Krieg, ja sogar einen Weltkrieg zu riskieren. Sollten die anderen Staaten der Welt machen, was sie wollten, er würde auf keinen Fall einen Schritt zurückgehen. Außerdem stellte er noch die Frage: „Stimmt England der Abtrennung des Sudetenlandes zu oder nicht?" Chamberlain äußerte, daß er persönlich den Grundsatz der Loslösung des Sudetenlandes von der Tschechoslowakei anerkenne, aber er berief sich auf die Notwendigkeit, nach England zur Berichterstattung und Beschlußfassung zurückkehren zu müssen. Am Schluß erhielt Chamberlain dann die „Zusage" Hitlers, daß er bis zu den nächsten Verhandlungen in einigen Tagen keine militärische Aktionen unternehmen werde.

Im Laufe dieser Verhandlungen erreichte Hitler von Chamberlain nicht nur Zugeständnisse, sondern konnte sich auch Klarheit über weitere Einzelheiten verschaffen. Nach dem Treffen sagte Hitler, daß er ursprünglich gemeint hätte, daß Chamberlain mit seinem Besuch beabsichtige, ihm eindringlich zu erklären, daß Englands Streitkräfte bereitständen. Genau das Gegenteil aber war eingetreten. Dadurch wurde die Skrupellosigkeit Hitlers noch mehr gesteigert. Nach den Verhandlungen traf er einerseits aktive Vorbereitungen für einen militärischen Angriff auf die Tschechoslowakei, und andererseits intensivierte er die Kontakte zu der ungarischen und der polnischen Regierung, um sie dazu aufzuhetzen, in der Frage der ungarischen und polnischen nationalen Minderheiten in der Tschechoslowakei ebenfalls Forderungen zu stellen und sich an der Beute zu beteiligen. Und die Slowaken ermunterte er, „Selbstverwaltung" zu fordern.

Am 16. September flog Chamberlain zurück nach London. In der Kabinettssitzung am selben Tag sagte Chamberlain, daß nur die Abtretung des Sudetenlandes an Deutschland Hitler von einem Angriff auf die Tschechoslowakei abbringen könnte. Am selben Tag wurde auch Runciman aus Prag zur Berichterstattung zurückberufen. In seinem Bericht schlug er vor, daß die hauptsächlich von Sudetendeutschen bewohnten Gebiete unverzüglich an Deutschland abzutreten seien und es im Grunde nicht nötig sei, eine Volksabstimmung deswegen durchzuführen. Er machte noch weniger Federlesens als Hitler.

Am 18. September kamen der französische Staatspräsident Daladier und sein Außenminister Bonnet zu Beratungen mit England nach London. Chamberlain machte den Vorschlag, die tschechoslowakische Regierung dazu zu bewegen, keinerlei Volksabstimmung durchzuführen, sondern einen Teil ihres Territoriums direkt abzutreten. Daladier zeigte zunächst seine „entschiedene Ablehnung" gegenüber der Abtrennung des Sudetenlandes; aber es dauerte nicht lange, da stimmte er zu, gemeinsame Vorschläge beider Länder an die tschechoslowakische Regierung zu richten. Darin wurde gefordert: „Die zu übertragenden Gebiete würden wahrscheinlich Gebiete mit über 50 % deutschen Einwohnern enthalten müssen." [7] Die englische und die französische Regierung nannten diese Abtretung „Aufrechterhaltung des Friedens" und „Sicherheit für die Lebensinteressen der Tschechoslowakei". So wurden bei Chamberlain und seinesgleichen die Duldung von Aggression zur Aufrechterhaltung des „Friedens" und der „Sicherheit" und die Aufopferung eines anderen Staates zur Verteidigung der „Lebensinteressen" dieses Staates gemacht — dies war wahrhaftig die Logik der Beschwichtigungspolitiker.

Die englisch-französischen Vorschläge sahen außerdem die Schaffung eines internationalen Ausschusses vor, der die bei der Grenzveränderung und den Umsiedlungen auftretenden Angelegenheiten regeln sollte, wobei „großzügig" die Zusage gemacht wurde, daß sich eine tschechoslowakische

Delegation an diesem Gremium beteiligen könne. Ferner zeigten die englische und die französische Regierung ihre Bereitschaft, einer internationalen Garantie der neuen Grenzen der Tschechoslowakei „gegen einen nicht provozierten Angriff" beizutreten. „Eine der Hauptbedingungen" einer solchen Garantie sei die Auflösung des bestehenden französisch-tschechoslowakischen und des sowjetisch-tschechoslowakischen Vertrages.

Chamberlain glaubte, mit diesem Vorgehen zwei Fliegen mit einer Klappe schlagen zu können: einmal die Befreiung Frankreichs von seinen Verpflichtungen aus dem französisch-tschechoslowakischen Pakt; dadurch wollte er verhindern, daß England wegen der englisch-französischen Bündnisbeziehungen in einen Krieg hineingezogen wird. Zum anderen könnte mit der Unwirksamkeit des sowjetisch-tschechoslowakischen Paktes und mit der Übergabe des Sudetenlandes an Hitler dieser veranlaßt werden, seine Ziele im Osten zu suchen.

Die englische und die französische Regierung forderten zum Schluß die tschechoslowakische Regierung auf, ihre Antwort binnen kürzester Frist zu erteilen, denn Chamberlain müsse spätestens am 22. September erneut mit Hitler verhandeln.

Am 19. September nachmittags überreichten der englische und der französische Gesandte in Prag dem tschechoslowakischen Staatspräsidenten Benesch die englisch-französischen Vorschläge. Unter dem Druck der Volksmassen lehnte die tschechoslowakische Regierung diese Vorschläge in ihrer Antwort an die englische und französische Regierung vom 20. September ab. In der Antwort wurde darauf hingewiesen, daß die Annahme eines solchen Vorschlages gleichbedeutend sei mit „einer freiwilligen und völligen Verstümmelung des Staates" [8]. Die tschechoslowakische Regierung richtete an die englische und französische Regierung den „letzten Appell", ihren Standpunkt zu revidieren, und stellte fest, daß es in dieser Entscheidungsstunde nicht nur um das Schicksal der Tschechoslowakei, sondern auch um das Schicksal anderer Länder und insbesondere Frankreichs gehe.

Nach Erhalt dieser Antwort zog Chamberlain gegenüber der Tschechoslowakei andere Saiten auf. Gegenüber Hitler überbot er sich in Unterwürfigkeit, der Tschechoslowakei jedoch zeigte er jetzt sein wahres Gesicht. Am 21. September um 2 Uhr 15 morgens weckten der englische und der französische Gesandte Benesch aus dem Schlaf und überreichten ihm eine englisch-französische Note, die in Wirklichkeit ein Ultimatum war. Die englische Regierung forderte von der tschechoslowakischen Regierung die Zurücknahme ihrer Antwort und wies gleichzeitig darauf hin: „Auf der Basis der erhaltenen Antwort könnte die Regierung Seiner Majestät nicht auf ein günstiges Ergebnis des beabsichtigten zweiten Besuches bei Herrn Hitler hoffen, und der Premierminister würde genötigt sein, die diesbezüglichen Vorbereitungen einzustellen." 9) Es war sein Kuhhandel mit Hitler, auf den es Chamberlain allein ankam. In der Note wird ferner betont: „Die englisch-französischen Vorschläge bleiben nach ihrer Ansicht die einzige Möglichkeit, einen sofortigen deutschen Angriff zu verhindern." 10) Auch der französische Gesandte erklärte gegenüber Benesch, daß Frankreich und England nicht in den Krieg eingreifen würden, wenn es infolge der Ablehnung der englisch-französischen Vorschläge zu einem Krieg zwischen der Tschechoslowakei und Deutschland komme. Und er drohte weiter, daß wenn die Tschechoslowakei weiterhin eine ablehnende Haltung einnehme, „die ganze Welt die Tschechoslowakei als den einzigen Schuldigen an dem unvermeidlichen Krieg ansehen wird" 11). Es war eine ungeheure Verharmlosung des Aggressors, wenn Chamberlain und seinesgleichen dem Opfer vorwarfen, „Schuldiger an dem Krieg" zu sein.

Tatsächlich war die Absicht Chamberlains, mit dem faschistischen Deutschland „Entspannung" zu betreiben, nur der äußere Anschein. Die scharfen Widersprüche zwischen beiden Ländern konnten dadurch nicht verschleiert und der heftige Kampf zwischen ihnen nicht besänftigt werden. Das Gesetz der ungleichmäßigen Entwicklung des Imperialismus bewirkt, daß sich diese Widersprüche und Kämpfe zuspitzen und unvermeidlich zum Krieg führen. Nach seinem Aufstieg forderte das faschistische Deutschland die Neuaufteilung der Kolonien und Interessensphären und setzte alle Hebel in Bewegung, um die Vorherrschaft zu erringen. Dies führte zu heftigen Konflikten mit den alten imperialistischen Staaten und mußte notwendigerweise die Anwendung von Gewalt hervorrufen. Lenin wies darauf hin: „... *es gibt heute nicht nur etwas, worum die Kapitalisten Krieg zu führen haben, sondern sie können auch nicht anders, sie müssen Krieg führen, wenn sie den Kapitalismus erhalten wollen, denn ohne eine gewaltsame Neuverteilung der Kolonien können die neuen imperialistischen Länder nicht die Privilegien erlangen, die die älteren (und weniger starken) imperialistischen Mächte genießen."** Die Widersprüche und die Rivalität zwischen den imperialistischen Ländern haben zum Ausbruch des II. Weltkrieges geführt. Chamberlain hatte angesichts der Bedrohung durch das faschistische Deutschland die Illusion, die Widersprüche durch Zugeständnisse und Nachgeben mildern zu können; dem Schein nach betrieb er „Entspannung", in Wirklichkeit steckte dahinter ein Komplott, nämlich das faschistische Deutschland zu veranlassen, seine Speerspitze nach Osten zu richten und die von Stalin geführte sozialistische Sowjetunion anzugreifen. Die Überlegung war, die Sowjetunion gegen Deutschland kämpfen zu lassen, selbst aber „auf dem Berg sitzend dem Kampf der Tiger zuzuschauen". Auf diese Weise ließe sich einerseits die Sicherheit im Westen gewährleisten, andererseits könnte man ruhig zusehen, wie sich die beiden gegenseitig die Köpfe einschlagen, und dann als lachender Dritter das Beste aus der Situation herausholen. Das war der Grund, warum Chamberlain nicht davor zurückschreckte, Österreich und auch die Tschechoslowakei zu opfern und sie als Gegenleistung für Hitlers Angriff gegen den Osten anzubieten. Gleichzeitig versuchte er damit, Zusammenstöße mit Hitler zu umgehen, um sein Komplott zu sichern.

Wir können sehen, daß die Beschwichtigungspolitik Chamberlains überhaupt nichts mit Entspannungspolitik zu tun hatte, sondern eine auf Anzettelung und Provozierung eines Krieges abzielende Politik war. Erst durch die Appeasementpolitik bekam Hitlerdeutschland die Hände für die brutale Entfesselung des II. Weltkrieges frei.

Am 21. September beugte sich die tschechoslowakische bürgerliche Regierung dem Druck und kapitulierte. Auf einer Kabinettssitzung wurde der Beschluß gefaßt, die englisch-französischen Vorschläge zu akzeptieren. In der öffentlichen Mitteilung der Regierung hieß es: „Wir hatten

---

* Lenin, „Der Imperialismus und die Spaltung des Sozialismus", Köln 1976, S. 19 f., sowie: Werke, Bd. 23, S. 11

keine andere Wahl, weil wir allein standen."¹²⁾ Es ist natürlich festzuhalten, daß die tschechoslowakische Regierung die Kraft zum Widerstand gegen die Invasoren gehabt hätte, wenn sie das Volk vollständig mobilisiert und ihm vertraut hätte, aber diese bürgerliche Regierung war dazu nicht in der Lage. Das einzige sozialistische Land, das damals auf der Welt existierte, die von Stalin geführte Sowjetunion, erklärte im September mehrmals öffentlich, daß es bereit sei, zu seinen vertraglichen Verpflichtungen gegenüber der Tschechoslowakei zu stehen. Noch kurz vor der Übergabe der englisch-französischen Vorschläge an die tschechoslowakische Regierung ließ Stalin Benesch durch den Vorsitzenden der Kommunistischen Partei der Tschechoslowakei, Gottwald, mitteilen: Die Sowjetunion sei bereit, der Tschechoslowakei auch in dem Falle militärische Hilfe zu gewähren, daß es Frankreich nicht tun wird, woran die sowjetische Hilfe gebunden war, ja auch in dem Falle, daß Polen und Rumänien es ablehnen, sowjetischen Truppen den Durchmarsch zu gewähren. Allerdings, betonte Stalin, die Sowjetunion kann der Tschechoslowakei nur unter einer Bedingung Hilfe leisten: nämlich, daß sich die Tschechoslowakei selbst verteidigt und um sowjetische Hilfe ersucht. ¹³⁾ Benesch aber lehnte die sowjetische Hilfe ab und verschwieg zudem noch dem Volk diese Tatsache.

Als die Nachricht von der Annahme der Kapitulationsvorschläge durch die tschechoslowakische Regierung bekannt wurde, ging eine Woge der Empörung durch das Land. Streiks und Demonstrationen breiteten sich mit großer Geschwindigkeit aus. Beteiligt waren über 500 000 Menschen. Am 21. September wurde in Prag ein politischer Generalstreik ausgerufen. 250 000 Einwohner der Hauptstadt reihten sich in die Massendemonstrationen an diesem Tag ein. Der gesamte Wenzelplatz war schwarz von empörten Demonstranten. Einhellig forderten die Volksmassen: Ablehnung der Berchtesgadener Bedingungen, Schluß mit der Kapitulationsbereitschaft, entschiedene Verteidigung der territorialen Integrität bis zum letzten Blutstropfen! Darüber hinaus forderten sie den Rücktritt der Landesverräter. Die Demonstranten zogen zum Sitz der Regierung, zum Generalstabsgebäude und zur Gesandtschaft der Sowjetunion. In seinem Bericht über die damalige Lage schrieb der sowjetische Gesandte: „In Prag kommt es zu

Demonstration zur Verteidigung der Republik am 22. September 1938 in Prag vor dem Parlamentsgebäude.

erschütternden Szenen... Die Massen singen die Nationalhymne und vergießen buchstäblich Tränen. Sie singen die Internationale. In Reden werden vor allem die Hoffnungen auf Hilfe der UdSSR, die Aufforderung zur Verteidigung, auf Einberufung des Parlaments und zum Sturz der Regierung ausgesprochen. Mit Pfeifen und Schreien reagiert man nicht nur auf den Namen Hodschas [14], sondern auch Beneschs. Offiziere werden auf den Schultern getragen und veranlaßt, patriotische Reden zu halten. Hitler und Chamberlain erwecken den gleichen Haß. Häufig hört man die Losung, Daladier und Bonnet seien nicht das französische Volk, welches keinen Verrat übt." [15]

Am 22. September stellten alle Prager Fabriken und Unternehmen die Arbeit ein. Im ganzen Land schwoll die Woge des Volkswiderstandes weiter an. An jenem Tag, an dem das tschechoslowakische Volk haßerfüllt und entschlossen für die Verteidigung seines Vaterlandes eintrat, stieg Chamberlain in der Pose des Staatsmannes, in der Hand den Koffer mit den englisch-französischen Vorschlägen zum Ausverkauf der Tschechoslowakei, ins Flugzeug. Er flog erneut nach Deutschland, um den Berchtesgadener Kuhhandel zum Abschluß zu bringen. Chamberlain machte sich viele Illusionen über die Versprechungen Hitlers. In dem Brief an seine Schwester nach den ersten Verhandlungen schrieb er: „... ich meinerseits gewann trotz der Härte und Rücksichtslosigkeit, die ich in seinem Gesicht sah, den Eindruck, daß hier ein Mann wäre, dem man vertrauen könne, wenn er sein Wort gegeben habe." 16) Die Tatsachen sollten sehr schnell eine Antwort darauf geben, wieviel die Versprechungen des faschistischen Aggressors tatsächlich wert waren.

ANMERKUNGEN DES ÜBERSETZERS

1) Michaelis, Schraepler, a. a. O., Bd. 12, S. 328
2) Keith Feiling, „The Life of Neville Chamberlain", London 1947, S. 363
3) Michaelis, Schraepler, a. a. O., Bd. 12, S. 330
4) Michaelis, Schraepler, a. a. O., Bd. 12, S. 423
5) Foreign Relations of the United States. Diplomatic Papers (FRUS) 1938, Bd. 1, Washington 1955, S. 605
6) Michaelis, Schraepler, a. a. O., Bd. 12, S. 331
7) ebenda, S. 355
8) ebenda, S. 357
,9) ebenda, S. 359 f.
10) „Documents on British Foreign Policy 1919—1939" (DBFP), Dritte Serie, Bd. II, S. 442
11) „Geschichte der Diplomatie", a. a. O., S. 293
12) Rönnefarth, a. a. O., S. 57
13) Klement Gottwald, Ausgewählte Reden und Aufsätze, Berlin 1955, S. 402
14) Milan Hodscha, Ministerpräsident der tschechoslowakischen Regierung, mußte am 22.9.1938 zurücktreten.
15) Sergej Alexandrowski, in: Dokumente zur Sudetendeutschen Frage 1916—1967, München 1967, S. 237
16) Michaelis, Schraepler, a. a. O., Bd. 12, S. 330

IV. DIE UNERSÄTTLICHE GIER
DES AGGRESSORS

Am Nachmittag des 22. September verhandelte Chamberlain zum zweiten Mal mit Hitler, diesmal in Bad Godesberg, einer kleinen Stadt am Rhein. Zu Beginn führte Chamberlain aus, daß seine Bemühungen dazu geführt hätten, daß die englische, die französische und die tschechoslowakische Regierung Hitlers Forderungen annehmen. Dann erläuterte er ausführlich den konkreten Inhalt der englisch-französischen Vorschläge. Das Ganze dauerte eine volle Stunde. Er war der Meinung, Hitler sei damit zufriedengestellt und das Problem ohne jede Schwierigkeit zu lösen. Aber als er erwartungsvoll seine Rede unterbrach, um die Antwort abzuwarten, ließ ihm Hitlers Reaktion den Schreck durch die Glieder fahren. Hitler sagte: „Es tut mir sehr leid, daß ich auf diese Dinge jetzt nicht mehr eingehen kann. Nach der Entwicklung der letzten Tage geht diese Lösung nicht mehr." [1] Die Gier des Aggressors kennt keine Grenzen. Je mehr man ihm nachgibt, desto größer wird sein Appetit. Reicht man ihm den Finger, so nimmt er die Hand. Chamberlain hatte die Berchtesgadener Bedingungen von Hitler erfüllt, Hitler aber erhöhte den Preis. Hitlers Handlungsdevise hieß, sofort neue Forderungen zu stellen, sobald die Gegenseite die Bedingungen angenommen hat. Schon in seinem Buch „Mein Kampf" hatte er geschrieben: „Bei einem Land, das leicht Zugeständnisse macht, bis zum Grad der Unterwürfigkeit, kannst du erwarten, daß es jede neue Forderung, eine nach der anderen, erfüllen wird." Außer dem Sudetenland verlangte Hitler diesmal auch die völlige Übergabe der anderen deutschsprachigen Gebiete in der Tschechoslowakei und die Zufriedenstellung der polnischen und ungarischen Forderungen. Außerdem forderte er noch die Zustimmung zu der sofortigen militärischen Besetzung der an Deutschland abzutretenden Gebiete.

Chamberlain stand da wie ein begossener Pudel. Seine hochgespannten Erwartungen bei seiner Ankunft wurden alle restlos enttäuscht. Ohnmächtig beschwerte er sich bei Hitler, er habe so große Anstrengungen zur Erfüllung von Hitlers Forderungen unternommen, und sei sogar nicht davor zurückgeschreckt, sein politisches Schicksal aufs Spiel zu setzen. Er habe „alles erreicht, was der Führer verlangte, und das ohne einen Tropfen deutschen Bluts zu vergießen." [2] Hitler blieb fest: Bis spätestens 1. Oktober werden deutsche Truppen ins Sudetenland einmarschieren. Gleichzeitig aber zeigte sich Hitler konzessionsbereit: Nach der Besetzung aller von der Tschechoslowakei abgegebenen Gebiete sei Deutschland bereit, der Durchführung einer Volksabstimmung in diesen Gebieten zuzustimmen und jene Gebiete, in denen sich die Einwohner gegen eine Übergabe an Deutschland aussprechen würden, an die Tschechoslowakei zurückzugeben.

Als Hitler die Karte mit den genauen neuen Grenzen der Tschechoslowakei Chamberlain überreichte, war es selbst Chamberlain zu viel. Diese Linien würden die tschechische Grenze zu eng ziehen, sagte er. Voller Wut hörte Hitler zu. Er drohte, wenn man nicht bereit sei, auf friedlichem Wege eine „nationale Grenze" zu schaffen, dann könne Deutschland nur gewaltsam eine „militärische Grenze" ziehen. Nach einigen Minuten erklärte Hitler Chamberlain mit gedämpfter Stimme: Nach seiner persönlichen Meinung seien die guten Beziehungen zu England wichtiger als irgendeine vorteilhafte „militärische Grenze" zwischen Deutschland und der Tschechoslowakei. Zum Schluß ging Hitler sogar so weit, Chamberlains Eitelkeit zu schmeicheln, indem er die „Friedensbemühungen" des englischen Premierministers in den Himmel lobte: Er, Hitler, „hätte nie gedacht, daß der Premierminister so erfolgreiche Bemühungen habe zustande bringen können" [3]. Das Ende der ersten Sitzung in Bad Godesberg war so von Hitlers Taktik geprägt, einmal die Peitsche, das andere Mal das Zuckerbrot zu zeigen.

Am 23. September frühmorgens schrieb Chamberlain in seinem Hotel einen Brief an Hitler. Darin heißt es, daß die unbequemste von Hitlers Forderungen die militärische Besetzung sei. Sie wäre gleichbedeutend mit einer Zerstörung der Grundlage, über die Hitler und er sich vor einer Woche geeinigt hätten, „nämlich einer in ruhiger Ordnung durchzuführenden Regelung dieser Frage im Gegensatz zu einer Gewaltregelung"[4]. Das zeigt deutlich, daß nicht die starken Abstriche an Hoheitsgebiet und Souveränität der Tschechoslowakei Chamberlain Sorge bereiteten, sondern das Problem des Einmarsches deutscher Truppen. Er befürchtete nämlich, daß dadurch ein militärischer Konflikt hervorgerufen werden könnte, in den Frankreich hineingezogen würde und damit wahrscheinlich auch England. Das würde das Ende seines schönen Traums bedeuten, das Unheil nach Osten zu lenken und als lachender Dritter dazustehen. Vor dieser Möglichkeit hatte der „Gesandte des europäischen Friedens", wie er sich selbst nannte, am meisten Angst.

Chamberlain mußte fast den ganzen Tag warten, bis endlich die Antwort Hitlers eintraf. Diese Antwort war im Ton sehr heftig und außerdem noch sehr lang, aber sie enthielt überhaupt nichts Neues. Hitler beharrte auf seinem Standpunkt und lehnte eine Änderung seiner Haltung ab. Chamberlain antwortete Hitler in einem kurzen Brief: Hitler möge doch seine neuen Forderungen schriftlich vorlegen und mit einer Karte versehen. Als ‚Vermittler" wolle er sie der tschechoslowakischen Regierung überbringen. Er selbst sei dann zur Rückkehr nach England bereit.

Am selben Tag noch überreichte Hitler Chamberlain ein Memorandum. Es enthielt seine Forderungen und setzte eine neue Frist fest: Die Tschechoslowaken müssen am 26. September um 8 Uhr morgens mit der Räumung der abzutretenden Gebiete beginnen und sie bis zum 28. September abgeschlossen haben. Ein Vergleich dieses Memorandums mit den Berchtesgadener Bedingungen oder mit den englisch-französischen Vorschlägen zeigt hauptsächlich folgende Unterschiede: 1. Die englisch-französischen Vorschläge verlangten von der Tschechoslowakei, die Gebiete mit mehr als 50 % Deutschen an Deutschland abzutreten; nach dem Godesberger Memorandum sollte die Tschechoslowakei jedoch Gebiete abtreten, in denen die Deutschen weniger als die Hälfte der Einwohner ausmachten, sogar Gebiete, in denen die Tschechoslowaken die überwältigende Mehrheit bildeten. 2. Nach .dem Godesberger Memorandum sollten deutsche Truppen in die abzutretenden Gebiete einmarschieren. 3. Die englisch-französischen Vorschläge sprachen von einer „internationalen Garantie" für die neue tschechoslowakische Grenze, während das Godesberger Memorandum sich darüber ausschwieg. 4. Die englisch-französischen Vorschläge behandelten die Frage der Umsiedlungen nach dem Willen der Einwohner, während das Godesberger Memorandum diese Frage nicht berührte.

Am 23. September 10 Uhr 30 abends nahmen Chamberlain und Hitler die Verhandlungen wieder auf. Hitler äußerte seine Zufriedenheit über die Bereitschaft der englischen Regierung, Deutschland bei der Durchsetzung seiner „legitimen Interessen" in der Sudetenfrage zu helfen. Unter Ausnutzung der auf raschen Abschluß eines englisch-deutschen Paktes drängenden englischen Seelenverfassung warf er einen Köder aus: Wenn die Sudetenfrage friedlich gelöst werden sollte, so könnte dies „einen Wendepunkt in den deutsch-englischen Beziehungen" [5] darstellen. Ferner sagte er: „Zwischen uns braucht es keine Gegensätze zu geben; wir werden Ihnen bei der Verfolgung Ihrer außereuropäischen Interessen nicht im Wege stehen, und Sie können uns ohne Schaden auf dem europäischen Festlande in Mittel- und Südosteuropa freie Hand lassen" [6]. In Worten redete Hitler Chamberlain nach dem Munde, in Wirklichkeit aber verfolgte er andere Ziele. Reale Zugeständnisse von der englischen Seite — das war es, was er wirklich wollte, während die Zusagen, die er als Gegenleistung für seine Bedingungen anbot, nur ein Köder waren. Er dachte nicht im geringsten daran, sich an diese Zusagen zu halten. Und Chamberlain, der nur die Unterzeichnung eines Abkommens mit Deutschland im Kopf hatte, biß bereitwillig an.

Er sagte, das Godesberger Memorandum mache auf ihn eher den Eindruck eines Ultimatums. Hitler erhob sofort Einspruch: „Das hat damit überhaupt nichts zu tun." Als Chamberlain sagte, dies sei ein Diktat an ein Land, das den Krieg nicht verloren habe, antwortete Hitler heftig: „Von Ultimatum kann überhaupt nicht die Rede sein. Es steht ja Memorandum darüber und nicht Ultimatum"[7].

Auf Vorschlag des deutschen Außenministers Ribbentrop beschloß man, das Memorandum an Ort und Stelle zu verlesen, damit sich Chamberlain konkret dazu äußern könne. Das Ergebnis war, daß Hitler gewisse „Zugeständnisse" machte. Er beschloß, in Erwägung, daß Chamberlain gegen das Wort „Forderungen" sei, dafür das Wort „Vorschläge" einzusetzen. Außerdem ließ Hitler in der Frage der Räumungsfristen „mit sich reden", indem er die Räumungsfrist vom 26. und 28. September bis zum 1. Oktober verlängerte. Er sagte: „Sie sind der einzige Mensch, dem ich je ein Zugeständnis gemacht habe." [8] Er sei bereit, anstelle der mehrfachen Fristen nur ein einziges Datum festzulegen, wenn dies Chamberlains Aufgabe erleichtern könne. Chamberlain zeigte sich sofort dankbar gegenüber dieser — überhaupt nicht die Substanz berührenden — „Konzession". Nicht daß er vergessen hätte, daß Hitler nur seinen Terminvorschlag von der ersten Sitzung am Vortage wieder aufgegriffen hatte, aber diese „konzessions"bereite Haltung Hitlers ließ ihn weiterhin auf die Verwirklichung seines verschwörerischen Ziels hoffen.

Am Ende der Verhandlungen äußerte Chamberlain, daß er „nicht in der Lage sei, Vorschläge des Führers anzunehmen oder abzulehnen, sondern sie nur an die tschechoslowakische Regierung weitergeben könne" [9]. So stand es in dem in England veröffentlichten Verhandlungsprotokoll. Aber nach anderen Dokumenten sagte Chamberlain nicht nur zu, dieses Memorandum weiterzugeben, sondern versprach Hitler persönlich, daß er sich mit ganzer Kraft für die Annahme dieses Memorandums einsetzen werde. Dieser Punkt könne natürlich der Öffentlichkeit nicht mitgeteilt werden, deshalb dürfe es im offiziellen Kommunique nur heißen, dieses Memorandum werde vom englischen Premierminister der tschechoslowakischen Regierung überreicht werden. Chamberlain verlangte außerdem von Hitler, „keine militärischen Maßnahmen zu unternehmen", bevor nicht die tschechoslowakische Regierung geantwortet habe. Wie bei solchen Gelegenheiten schon üblich, heuchelte Hitler, das tschechoslowakische Problem sei seine letzte territoriale Forderung in Europa.

Am 24. September flog Chamberlain nach London zurück. Während Chamberlains Verhandlungen mit Hitler in Bad Godesberg hatte sich in ganz England eine Protestbewegung gegen den Ausverkauf der Tschechoslowakei entwickelt. Am 22. September zogen die Volksmassen vor das Parlament. Sie forderten die Unterstützung der Tschechoslowakei und den Rücktritt Chamberlains. Am folgenden Tag versammelten sich mehr als 10.000 Menschen zu einer Demonstration in London. Sie riefen mit lauter Stimme: „Chamberlain, go home!" Am 24. und 25. September fanden in verschiedenen Orten insgesamt mehr als 2.500 Massenveranstaltungen zur Unterstützung der Tschechoslowakei statt. Auch die Kräfte innerhalb der Regierung, die sich gegen Chamberlains Beschwichtigungspolitik wandten, erstarkten. Angesichts dieser Situation konnte Halifax, als

Chamberlain noch in Bad Godesberg weilte, nicht umhin, ihm eigens zu telegraphieren, daß er berücksichtigen solle, daß die öffentliche Meinung Englands immer mehr zur Ablehnung weiterer Konzessionen gegenüber Deutschland neige und im Inland das Mißtrauen in die Amtsführung des Premierministers wachse.

Am 25. September lehnte die tschechoslowakische Regierung das Godesberger Memorandum ab, stimmte jedoch den in den englisch-französischen Vorschlägen aufgestellten Bedingungen zu. Am selben Tag bat Chamberlain Daladier und Bonnet dringend, nach London zu Besprechungen zu kommen. Nach Eröffnung der englisch-französischen Beratungen stellte Chamberlain zunächst die Resultate seiner Verhandlungen mit Hitler in Bad Godesberg vor. Er meinte, zwischen dem Memorandum und den Berchtesgadener Bedingungen gebe es keine prinzipiellen Unterschiede. Dann zog er alle Register, um die Punkte des Godesberger Memorandums, die sich von den Berchtesgadener Bedingungen oder von den englisch-französischen Vorschlägen unterschieden, zu rechtfertigen. Er sagte, diese Unterschiede rührten hauptsächlich daher, daß sich das Godesberger Memorandum im ersten Teil auf die Frage der Maßnahmen

Demonstration zur Unterstützung der Tschechoslowakei am 26. September 1938 in Whitehall (London).

zur „Aufrechterhaltung von Gesetz und Ordnung" bei der Gebietsabtretung konzentriere. Wie bei den englischfranzösischen Beratungen am 18. September mimte Daladier zunächst erst wieder „Opposition". Er erklärte, Frankreich werde sich an seine vertraglichen Verpflichtungen gegenüber der Tschechoslowakei halten. Nachdem jedoch geheime Gespräche zwischen Chamberlain und Daladier unter vier Augen stattgefunden hatten, legte Daladier eine völlig andere Haltung an den Tag. In der zweiten Sitzung, am 26. September frühmorgens, verabschiedete man ein Kommunique, in dem erklärt wurde, daß beide Seiten, die englische und die französische, in allen Fragen Übereinstimmung erzielt hätten.

Am selben Tag sandte Chamberlain seinen Vertrauten Wilson mit einem persönlichen Brief zu Hitler nach Berlin. In diesem Brief betonte er, die Meinungsverschiedenheiten zwischen ihm und Hitler berührten nicht das Wesen des Problems, sondern bestünden nur in bezug auf die Methode der Durchführung eines Grundsatzes, über den Einigkeit bestehe. Außerdem schlug er die Einberufung einer Zusammenkunft mit Vertretern Deutschlands und der tschechoslowakischen Regierung zur Lösung der tschechoslowakischen Frage vor; die englische Seite sei bereit, Vertreter ohne Stimmrecht zu entsenden. Am Abend des selben Tages wollte Hitler eine Rede im Berliner Sportpalast halten. Wilson brachte noch die Hoffnung zum Ausdruck, daß Hitler in seiner Rede nicht alle Wege verbauen werde. Hitler antwortete, sobald die Tschechoslowaken das Godesberger Memorandum angenommen hätten, könne man über etwas anderes reden. Er legte außerdem fest, daß innerhalb von 24 Stunden (bis zum 28. September 2 Uhr mittags) eine zustimmende Antwort vorliegen müsse.

Am Abend sprach Hitler im Berliner Sportpalast. Während er sich für die Bemühungen der englischen Regierung zur „Rettung des Friedens" bedankte, ritt er gleichzeitig eine wütende Attacke gegen die tschechoslowakische Regierung. Er tobte: „Er (Benesch) wird am 1. Oktober uns dieses Gebiet übergeben müssen ... Ich gehe meinem Volk jetzt voran als sein erster Soldat ..."[10] Chamberlain gab als Antwort auf Hitlers Rede eine öffentliche Sondererklärung in London ab. Er bedankte sich für die hohe Wertschätzung seiner Bemühungen durch Hitler und versprach, in seinen Bemühungen fortzufahren. Darüber hinaus sagte er, weil die deutsche Regierung den Zusagen der tschechoslowakischen Regierung, die dazu noch der englischen Regierung gemacht worden seien, kein Vertrauen entgegenbringe, habe die englische Regierung den Eindruck, daß sie sich moralisch für verpflichtet halte, daß die Zusagen „fair und voll" durchgeführt werden, und daß sie bereit sei, sich zu verpflichten, daß sie mit „aller angemessenen Promptheit"[11] durchgeführt werden. Hitler aber scherte sich nicht um diese Zusagen. Als er am 27. September nachmittags Wilson erneut empfing, rief er drohend aus: „Ich werde die Tschechen vernichten!"[12]

Die englische Regierung traf zu dieser Zeit eine Reihe von Maßnahmen zur Mobilmachung. Am Abend des 27. September veröffentlichte sie die Weisung zur Mobilmachung der Seestreitkräfte. Ferner ordnete sie die Einziehung der Reservisten der Land- und Seestreitkräfte an, zog zur Auffüllung der Polizei Leute ein, beschlagnahmte Transportmittel und arbeitete einen Evakuierungsplan für die städtische Bevölkerung aus. Das Ziel, das Chamberlain mit diesen Maßnahmen verfolgte, bestand darin, durch die künstliche Schaffung einer Kriegsatmosphäre und durch die Drohung eines Krieges das englische Volk zu erpressen und Druck auf die öffentliche Meinung auszuüben. Mit dieser Methode wollte er seine Politik des Verrats an der Tschechoslowakei rechtfertigen und die Hindernisse für diese Politik aus dem Weg räumen. Mit großem Theaterdonner bemühte er sich deshalb, Angst und Schrecken zu verbreiten. Er ordnete an, Schützengräben in den Parks auszuheben und Gasmasken an die Bevölkerung auszugeben, wobei sich die Menschen an den Ausgabestellen in Reih und Glied aufstellen mußten. Um Hochhäuser wurden Sandsäcke aufgeschichtet und auf Brücken Luftabwehrraketen aufgestellt; man verlegte Grundschulen in die Vorstädte und schuf in den Krankenhäusern zusätzlich Platz für Betten. Chamberlain wußte sehr gut, um zu einem raschen Abschluß seines Geschäftes mit Hitler zu kommen, mußte er dem englischen Volk noch stärker den Gedanken einhämmern, daß der Krieg unmittelbar vor der Tür stehe und daß es zur Vermeidung des Krieges und zur Aufrechterhaltung des Friedens nur eine Methode gebe, nämlich in der tschechoslowakischen Frage mit Hitler ein Übereinkommen zu erzielen.

Am 27. September abends um 8 Uhr 30 hielt Chamberlain eine im ganzen Land ausgestrahlte Rundfunkrede: „Wie schrecklich, phantastisch und unglaublich ist es, daß wir hier Schützengräben ausheben und uns Gasmasken anpassen sollen, weil in einem weit entfernten Lande ein Streit zwischen Menschen ausgebrochen ist, von denen wir nichts wissen!"[13] „Wie sehr auch unsere Sympathien auf der Seite einer kleinen Nation sein mögen, die sich einem großen und mächtigen Nachbarn gegenübersieht, so können wir es dennoch nicht auf uns nehmen, allein um ihretwillen unser gesamtes Empire unter allen Umständen in einen Krieg zu verwickeln."[14] Ferner sagte er: „Ich würde nicht zögern, auch noch einen dritten Besuch in Deutschland abzustatten, wenn ich der Ansicht wäre, daß das irgend etwas nützen würde."[15] So versuchte Chamberlain für den weiteren Ausverkauf der Tschechoslowakei eine öffentliche Meinung zu schaffen.

Zwei Stunden später hatte Chamberlain die Antwort Hitlers in der Hand. Dies war ein neuer diplomatischer Schachzug Hitlers. Hitler war sich bewußt, daß Deutschland zum damaligen Zeitpunkt für einen Krieg nicht genügend gerüstet war. Das damit verbundene Risiko war deshalb sehr groß. Erst am 27. September hatte der deutsche Generalstab Hitler eine Denkschrift überreicht. Nach Aufzählung verschiedener Schwächen der deutschen Wehrmacht zog der Generalstab folgendes Resümee: Selbst wenn die kleine Tschechoslowakei den Krieg allein, ohne Hilfe von seiten eines anderen Staates, führen müßte, könne sie drei Monate lang Widerstand leisten; angenommen, sie würde vom Ausland unterstützt werden, so hätte Deutschland nicht die Kraft zu einem Zweifrontenkrieg, vor allem die Ostfront könne nicht gehalten werden. 80 % der deutschen Offiziere seien der Überzeugung, daß eine Niederlage unvermeidlich sei. Aber der in der letzten Note auf 2 Uhr nachmittags des nächsten Tages festgelegte Zeitpunkt rückte immer näher. Hitler beschloß, wieder einmal Chamberlain zu benutzen. Der Brief, den er schrieb, war im Ton gemäßigt und in der Wortwahl zurückhaltend. Er wollte Chamberlain überzeugen, daß die Tschechoslowakei in ihren neuen Grenzen einen „gesünderen und einheitlicheren Wirtschaftskörper"[16] darstellen würde. Ferner sagte er zu, daß Deutschland unter bestimmten Bedingungen bereit sei, „für den Restbestand der Tschechoslowakei eine förmliche Garantie zu übernehmen"[17]. In dem Brief schrieb er verleumderisch, mit ihrer hartnäckigen Haltung wollten die Tschechoslowaken mit Unterstützung Englands und Frankreichs nur einen großen europäischen Krieg vom Zaun brechen. Hitler bat Chamberlain dringend, seine Bemühungen fortzusetzen, um „die Regierung in Prag in letzter Stunde zur Vernunft zu bringen"[18].

Für Chamberlain kam dieser Brief genau zum richtigen Zeitpunkt. Er war entschlossen, diese günstige Gelegenheit nicht ungenutzt verstreichen zu lassen. Er nannte diesen Brief „aufmunternd" und ließ Hitler sofort eine Antwort zukommen: „Nachdem ich Ihren Brief gelesen habe, bin ich sicher, daß Sie alles Wesentliche ohne Krieg und ohne Aufschub erreichen können."[19] Chamberlain schlug die Einberufung einer Konferenz mit Vertretern von vier Staaten, England, Deutschland, Frankreich und Italien, und mit tschechoslowakischen Vertretern vor, auf der die „Übergabemodalitäten" erörtert werden sollten. Er drückte ferner seine Zuversicht aus, „daß wir in einer Woche ein Abkommen erzielen könnten"[20]. Chamberlain wandte sich auch an Mussolini mit einem Brief, in dem er diesen bat, an der vorgeschlagenen internationalen Konferenz teilzunehmen und Hitler aufzufordern, diesen Plan anzunehmen.

Auch die amerikanische Regierung unternahm zu jener Zeit vielfältige Aktivitäten, um Chamberlain bei der Durchführung seines Plans zu helfen. Am 24. September sagte der amerikanische Botschafter in Berlin in seinem Lagebericht, daß der englische Botschafter in Deutschland sehr besorgt sei über die Entwicklung der gegen Chamberlain gerichteten Kräfte in England. Er machte die amerikanische Regierung darauf aufmerksam, daß Chamberlains Sturz Krieg bedeute; Amerika könnte in diesem kritischen Augenblick seine Stellung gewaltig ausbauen, wenn es Chamberlain in irgendeiner Weise öffentlich unterstützen würde. Tatsächlich befürchteten die englischen Beschwichtigungspolitiker, daß nach einem Sturz Chamberlains ihr verschwörerisches Ziel, nämlich die englisch-deutsche Verständigung zu erreichen und das Unheil nach Osten zu lenken, kaum noch zu verwirklichen sei. Aus diesem Grunde wandten sie sich an Amerika um Unterstützung. Die amerikanische Regierung kam ihnen auch sofort entgegen. Am 26. September schickte der amerikanische Präsident einen gleichlautenden Brief an Hitler, Chamberlain, Daladier und Benesch. Darin appellierte er an sie, die Verhandlungen, „die auf eine friedliche, billige, konstruktive Lösung der Streitfragen zielen"[21], nicht abzubrechen. Am 27. September ließ der amerikanische Präsident ein persönliches Schreiben an Mussolini überreichen, in dem er diesen aufforderte, bei den Beratungen über die Sudetenfrage zu vermitteln. Am selben Tag schickte er auch Hitler einen Brief, in dem er darauf hinwies, wenn Hitler einer „friedlichen" Beilegung der Streitpunkte zustimme, „werden ... Hunderte Millionen in der ganzen Welt anerkennen, daß Sie damit der gesamten Menschheit einen hervorragenden historischen Dienst erwiesen haben"[22].

Die Zeit, die bis zum 28. September 14 Uhr verblieb, verging schnell. In Berlin, London, Paris und Prag herrschte große Unruhe. Alles wartete gespannt darauf, was Hitler tun werde.

ANMERKUNGEN DES ÜBERSETZERS

1) Schmidt, a.a.O., S. 401
2) DBFP, a.a.O., S. 467
3) a.a.O., S. 473
4) Michaelis, Schraepler, a.a.O., Bd. 12, S. 376 f.
,5) Michaelis, Schraepler, a.a.O., Bd. 12, S. 382
6) Rönnefarth, a.a.O., S. 591
7) Schmidt, a.a.O., S. 405
8) Georges Bonnet, „Vor der Katastrophe", Köln 1951, S. 100
9) Michaelis, Schraepler, a.a.O., Bd. 12, S. 388
10) „Geschichte der Diplomatie", a.a.O., S. 298
11) Rönnefarth, a.a.O., S. 618
12) Bonnet, a.a.O., S. 109
13) Michaelis, Schraepler, a.a.O., Bd. 12, S. 422
14) ebenda, S. 423
15) ebenda
16) ebenda, S. 426
17) ebenda, S. 425
18) ebenda, S. 426
19) ebenda
20) ebenda
21) ebenda, S. 428
22) ebenda, S. 432

V. DER GROSSE BETRUG VON MÜNCHEN

Am 28. September um 13 Uhr teilte der englische Botschafter in Rom in einer Depesche an Halifax mit, Hitler habe auf Anregung von Mussolini einer Verschiebung der allgemeinen Mobilmachung um 24 Stunden zugestimmt. Es folgte ein zweites Telegramm, in dem es hieß, Mussolini habe gegenüber Hitler zum Ausdruck gebracht, daß er bereit sei, den Vorschlag Chamberlains zur Einberufung einer internationalen Konferenz über die tschechoslowakische Frage zu unterstützen. Aber Hitlers Antwort ließ noch auf sich warten.

Um 14 Uhr 55 trat das englische Unterhaus zu einer außerordentlichen Sitzung zusammen. Chamberlain hielt eine lange Rede. Er war in großer Sorge, denn Hitlers Antwort war noch nicht da. Ausführlich schilderte er den Ablauf der „tschechoslowakischen Krise", dabei stellte er eifrig die Bemühungen der englischen Regierung um eine „friedliche" und „gerechte" Lösung der Sudetenfrage heraus. Er meinte, daß die Lage nach wie vor instabil sei, sich jedoch zum Besseren wende. Gleichzeitig vergaß er nicht, Mussolini zu loben. Über eine Stunde lang redete Chamberlain ohne Unterbrechung, die Uhr zeigte bereits 16 Uhr, als sich seine Rede dem Ende näherte, da endlich kam Hitlers Antwort.

Hitlers Entschluß, an die drei Länder England, Frankreich und Italien eine Einladung zu einer Konferenz in München am nächsten Tag zur Lösung der tschechoslowakischen Frage zu schicken, fiel erst ein paar Minuten nach 14 Uhr. Nachdem Chamberlain den Brief gelesen hatte, war er außer sich vor Freude. Heuchlerisch sagte er: „Wir sind alle Patrioten, und unter den ehrenwerten Mitgliedern dieses Hauses ist wohl keiner, dessen Herz nicht höher schlägt, daß die Krise noch einmal verschoben worden ist und uns noch einmal Gelegenheit gegeben ist, zu versuchen, was Vernunft und guter Wille und Verhandlungen tun können, um ein Problem zu lösen, dessen Regelung bereits in Sicht ist."[1]) Er fuhr fort: „Ich bin sicher, daß das Haus bereit ist, mich jetzt zu entlassen, damit ich gehe und sehe, was ich aus dieser letzten Anstrengung herausholen kann."[2]) Chamberlains Worte fanden großen Beifall bei den bürgerlichen Unterhausmitgliedern. Als er das Unterhaus verließ, sagte er zu der ihn umringenden Menschenmenge: „Dieses Mal arbeitet alles für eine Lösung."

Die Vorgänge im englischen Unterhaus am Nachmittag des 28. September versetzten den tschechoslowakischen Gesandten, der während dieser Zeit auf der Diplomatenbank saß, in helle Empörung. Danach begab er sich zum Sitz des Premierministers in der Downing Street, um den englischen Premier und seinen Außenminister zu treffen. Er fragte, ob die Tschechoslowakei zur Teilnahme an der Münchener Konferenz eingeladen werde. Die Antwort lautete: Sie könne nicht eingeladen werden, Hitler sei dagegen. Vor seinem Weggehen richtete dieser Gesandte an Chamberlain und Halifax noch die Worte: „Wenn Sie mein Volk geopfert haben, um der Welt den Frieden zu erhalten, will ich der erste sein, Ihnen Beifall zu spenden. Aber wenn nicht, meine Herren, dann helfe Ihnen Gott!"[3]

Am 28. September telegraphierte Chamberlain an Benesch, England, Frankreich und Italien hätten beschlossen, der deutschen Einladung Folge zu leisten und nach München zur Konferenz zu kommen. Ferner sagte er heuchlerisch: „Ich werde die tschechoslowakischen Interessen voll berücksichtigen." Tatsächlich aber verstärkte England in der letzten Phase bis zur Münchener Konferenz den Druck auf die tschechoslowakische Regierung; tief in der Nacht beugte sie sich schließlich dem Druck. Auf diese Weise hatten die englische und die französische Regierung zusammen mit der deutschen und italienischen Regierung gute Vorbereitungen getroffen für eine neue Kollaboration und für einen neuen Verrat.

Chamberlains Entschluß, an der Münchener Konferenz teilzunehmen, fand die Unterstützung der amerikanischen Regierung. Als in Washington diese Nachricht bekannt wurde, beauftragte der amerikanische Präsident sofort seinen Botschafter in London, dem englischen Premierminister mit einem kurzen, aber deutlichen Wort zu danken: „Pfundskerl!"[4] Die französische Haltung war noch klarer. Bonnet teilte dem englischen Botschafter mit, Frankreichs Vertreter auf der Münchener Konferenz seien bereit, „um beinahe jeden Preis eine Lösung der Sudetenfrage zu erzielen"[5]. Bonnet sagte sogar, daß nach der Beilegung des tschechoslowakischen Konflikts erneut die Grenzfragen einer Reihe europäischer Staaten überprüft werden sollten, denn

Chamberlain wird am 29. 9. 1938 bei seiner Ankunft in München von Reichsaußenminister Ribbentrop begrüßt.

das Versailler System sei bereits zusammengebrochen. Die Beschwichtigungspolitiker sprachen freiweg das aus, was Hitler dachte, aber noch nicht sagte.

Am 29. September 1938 wurde um 12.45 Uhr im „Führerbau" des „Braunen Hauses" die Münchener Konferenz eröffnet. Diese Konferenz war tatsächlich nur noch eine Formalität, die grundsätzlichen Fragen waren schon vorher beraten und entschieden worden. Die Konferenzteilnehmer stimmten überein, die Arbeit möglichst rasch zu beenden. Mussolini brachte auf der Konferenz einen Vorschlag ein, der von Berlin ausgearbeitet worden war. Mussolini erhielt diesen Vorschlag erst, als er mit dem Sonderzug nach München kam. Der Vorschlag war zwar nur eine Neuauflage des Godesberger Memorandums, aber er wurde von England und Frankreich begrüßt. Daladier „begrüße besonders den von objektivem und realistischem Geist getragenen Vorschlag des Duce"[6]. Chamberlain „begrüßte gleichfalls den Vorschlag des Duce und erklärte, daß er sich auf der Linie dieses Vorschlags selbst die Lösung gedacht habe"[7]. Dieser „italienische" Vorschlag bildete dann die Grundlage der Beratungen und enthielt die grundlegenden Bestimmungen des späteren Münchener Abkommens.

In der Frage der Beteiligung tschechoslowakischer Vertreter an der Konferenz kam es zu Streitigkeiten. Chamberlain meinte, es wäre von großem Nutzen, einen Vertreter der tschechoslowakischen Regierung zur Hand zu haben, damit er, wenn es notwendig werde, die Durchführung der Konferenz-Beschlüsse garantiere. Hitler aber war gegen die Anwesenheit auch nur eines Tschechoslowaken. Schließlich wurde auf Vorschlag Chamberlains beschlossen, Vertreter der tschechoslowakischen Regierung auf Abruf und mit Beraterstatus im Nebenraum warten zu lassen. Das Ergebnis war, daß zwei tschechoslowakische Vertreter am Abend jenes Tages in Begleitung der deutschen Gestapo im Wagen zum „Braunen Haus", dem Konferenzort, gefahren wurden und in einem Nebenraum auf das Urteil der vier

---

Aufzeichnung Erich Kordts über die Münchener Besprechung am 29. September 1938

... Die Verhandlung löste sich in Einzelbesprechungen auf, die insbesondere an Hand von Karten die zu räumenden Zonen sowie das zur Abstimmung zu stellende Gebiet zum Gegenstand hatten. Im Verlauf dieser Besprechungen schlug Daladier den Austausch einer größeren Zone vorwiegend deutschen Gebiets an der schlesischen Grenze, in der tschechische Befestigungen angelegt seien, gegen einen entsprechenden tschechischen Gebietsstreifen am Böhmerwald vor, mit dem Bemerken, daß das Bestehen der tschechischen Befestigungen nicht der einzige Grund für diesen Vorschlag sei, sondern daß er ihn auch aus verkehrspolitischen und psychologischen Gründen vorbringe.

Der Führer lehnte diesen Vorschlag mit Rücksicht auf den rein deutschen Charakter der betreffenden Gebiete ab, erklärte sich jedoch nach längeren Verhandlungen zur Annahme einer im Vertragstext erscheinenden Formel über Grenzberichtigungen (vergl. Ziffer 6 des Münchener Abkommens) bereit.

Daladier sprach dem Führer hierfür seinen wärmsten Dank aus und erklärte, daß ihm die Annahme dieser Formel die Stellung in Frankreich wesentlich erleichtere. Er würde in Frankreich berichten, daß der Führer ihm (Daladier) gegenüber diese persönliche Geste gemacht habe.

Dokumente und Materialien aus der Vorgeschichte des Zweiten Weltkrieges, a.a.O., Bd. 1, S. 278 f.

Großmächte über das Schicksal ihres Vaterlandes warten mußten. Die Tatsache, daß diese für das Schicksal der Tschechoslowakei entscheidende Konferenz den tschechoslowakischen Vertretern die Teilnahme verweigerte, zeigt anschaulich die hegemonistische Politik der imperialistischen Großmächte.

Die Münchener Konferenz endete am 30. September um 2 Uhr morgens. Die Uhr schlug gerade 1 Uhr, da setzten Hitler, Chamberlain, Daladier und Mussolini nacheinander ihre Unterschrift unter das Abkommen. Dies Abkommen zeigt, daß Hitlers Godesberger Memorandum restlos angenommen wurde, nur die Frist für die Besetzung wurde geändert.

Das Münchener Abkommen enthielt insgesamt acht Bestimmungen mit folgendem Hauptinhalt:

„Deutschland, das Vereinigte Königreich, Frankreich und Italien sind unter Berücksichtigung des Abkommens, das hinsichtlich der Abtretung des sudetendeutschen Gebiets bereits grundsätzlich erzielt wurde, über folgende Bedingungen und Modalitäten dieser Abtretung und über die danach zu ergreifenden Maßnahmen übereingekommen und erklären sich durch dieses Abkommen einzeln verantwortlich für die zur Sicherung seiner Erfüllung notwendigen Schritte.

1. Die Räumung beginnt am 1. Oktober.
2. Das Vereinigte Königreich, Frankreich und Italien vereinbaren, daß die Räumung des Gebiets bis zum 10. Oktober vollzogen wird, und zwar ohne Zerstörung irgendwelcher bestehender Einrichtungen, und daß die Tschechoslowakische Regierung die Verantwortung dafür trägt, daß die Räumung ohne Beschädigung der bezeichneten Einrichtungen durchgeführt wird.
3. Die Modalitäten der Räumung werden im einzelnen durch einen internationalen Ausschuß festgelegt, der sich aus Vertretern Deutschlands, des Vereinigten Königreichs, Frankreichs, Italiens und der Tschechoslowakei zusammensetzt.
4. Die etappenweise Besetzung des vorwiegend deutschen Gebiets durch deutsche Truppen beginnt am 1. Oktober. Die vier auf der anliegenden Karte bezeichneten Gebietsabschnitte werden in folgender Reihenfolge durch deutsche Truppen besetzt:

Der mit I bezeichnete Gebietsabschnitt am 1. und 2. Oktober,
der mit II bezeichnete Gebietsabschnitt am 2. und 3. Oktober,
der mit III bezeichnete Gebietsabschnitt am 3., 4. und 5. Oktober,
der mit IV bezeichnete Gebietsabschnitt am 6. und 7. Oktober.

Das restliche Gebiet vorwiegend deutschen Charakters wird unverzüglich von dem obenerwähnten internationalen Ausschuß festgestellt und bis zum 10. Oktober durch deutsche Truppen besetzt werden.

5. Der im Paragraph 3 erwähnte internationale Ausschuß wird die Gebiete bestimmen, in denen eine Volksabstimmung stattfinden soll. Diese Gebiete werden bis zum Abschluß der Volksabstimmung durch internationalen Formationen besetzt werden. Der gleiche Ausschuß wird die Modalitäten festlegen, unter denen die Volksabstimmung durchgeführt werden soll, wobei die Modalitäten der Saar-Abstimmung als Grundlage zu betrachten sind. Der Ausschuß wird ebenfalls den Tag festsetzen, an dem die Volksabstimmung stattfindet; dieser Tag darf jedoch nicht später als Ende November liegen.

6. Die endgültige Festlegung der Grenzen wird durch den internationalen Ausschuß vorgenommen werden. Dieser Ausschuß ist berechtigt, den vier Mächten Deutschland, dem Vereinigten Königreich, Frankreich und Italien in bestimmten Ausnahmefällen geringfügige Abweichungen von der streng ethnographischen Bestimmung (der ohne Volksabstimmung zu übertragenden Zonen zu empfehlen.

7. Es wird ein Optionsrecht für den Übertritt in die abgetretenen Gebiete und für den Austritt aus ihnen vorgesehen. Die Option muß innerhalb von sechs Monaten vom Zeitpunkt des Abschlusses dieses Abkommens an ausgeübt werden. Ein deutsch-tschechoslowakischer Ausschuß wird die Einzelheiten der Option bestimmen, Verfahren zur Erleichterung des Austausches der Bevölkerung erwägen und grundsätzliche Fragen klären, die sich aus diesem Austausch ergeben.

8. Die Tschechoslowakische Regierung wird innerhalb einer Frist von vier Wochen vom Tage des Abschlusses dieses Abkommens an alle Sudetendeutschen aus ihren militäri-

Das Komplott ist perfekt: Chamberlain, Daladier, Hitler, Mussolini und der italienische Außenminister Ciano auf der Münchener Konferenz am 29. September 1938.

schen und polizeilichen Verbänden entlassen, die diese Entlassung wünschen. Innerhalb derselben Frist wird die Tschechoslowakische Regierung sudetendeutsche Gefangene entlassen, die wegen politischer Delikte Freiheitsstrafen verbüßen."[8]

In einem Zusatz zum Abkommen hieß es, daß die englische und die französische Regierung zu dem Angebot stehen würden, „betreffend eine internationale Garantie der neuen Grenzen des tschechoslowakischen Staates gegen einen unprovozierten Angriff"[9]. Ferner hieß es: „Sobald die Frage der polnischen und ungarischen Minderheiten in der Tschechoslowakei geregelt ist, werden Deutschland und Italien ihrerseits der Tschechoslowakei eine Garantie geben."[10] Tatsächlich haben Deutschland und Italien später, nachdem die Frage der polnischen und ungarischen Minderheiten in der Tschechoslowakei geregelt worden war, keinerlei Garantie gegeben. Welche Haltung Frankreich und England zu ihrer eigenen Garantieerklärung eingenommen haben, werden wir noch sehen.

Nach Beendigung der Münchener Konferenz wurden um 1.30 Uhr nachts die beiden tschechoslowakischen Vertreter

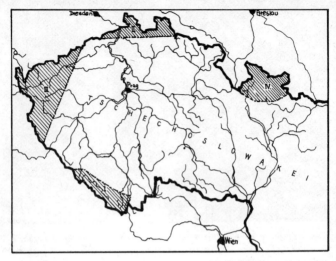

Karte zum Münchener Abkommen: Die Gebiete, die vom 1.–10. Oktober 1938 durch deutsche Truppen besetzt wurden.

in den Konferenzsaal geführt. Anwesend waren nur noch die Vertreter Englands und Frankreichs. Nach dem offiziellen Bericht der tschechoslowakischen Vertreter an das tschechoslowakische Außenministerium über diesen Empfang machte Chamberlain, ununterbrochen gähnend, lange Ausführungen über den Inhalt des Abkommens. „Daladier (war) ganz offensichtlich verlegen"[11]. Den tschechoslowakischen Vertretern wurde nicht erlaubt, ihren Standpunkt darzulegen, da England und Frankreich „diesen Plan als angenommen betrachteten"[12]. Den tschechoslowakischen Vertretern wurde erklärt, daß „gegen dieses Urteil keine Berufung eingelegt werden könne und keinerlei Möglichkeit einer Abänderung bestehe"[13]. Am 30. September 12.50 Uhr kapitulierte schließlich die tschechoslowakische Regierung. Vor München hatte Chamberlain Benesch zugesichert, daß er „die Interessen der Tschechoslowakei restlos berücksichtigen" werde, und so hat er seine Zusicherung eingehalten!

Nach Abschluß des Ausverkaufs der Tschechoslowakei ruhte sich Chamberlain nur einige Stunden aus, um dann am frühen Morgen des 30. September in das Münchener Domizil Hitlers zu eilen. Er setzte alles daran, noch ein anderes

Geschäft mit ihm abzuschließen. Nach der Aussage des damaligen Dolmetschers von Hitler, Schmidt, hörte dieser geistesabwesend dem langatmigen Wortschwall Chamberlains zu.[14] Der englische Premierminister machte eine Reihe von konkreten Vorschlägen, um die weitere Zusammenarbeit zwischen England und Deutschland zu verstärken. Gegen Ende des Gesprächs zog Chamberlain dann ein Papier aus der Tasche, auf dem der Text einer englisch-deutschen Erklärung stand, die er mit Hitlers Unterschrift zu veröffentlichen gedachte. Nachdem Hitler diese Erklärung gelesen hatte, setzte er rasch seine Unterschrift darunter. Nach dem Gefühl von Schmidt stimmte Hitler nicht „ohne ein gewisses Zögern" diesen Formulierungen zu und unterschrieb, weil er „lediglich Chamberlain einen Gefallen tun wollte". Chamberlain jedoch „bedankte sich überschwenglich" bei Hitler, als ob er einen kostbaren Schatz erhalten hätte.

In dieser Erklärung sagten Hitler und Chamberlain, daß sie das Münchener Abkommen „als symbolisch für den Wunsch unserer beiden Völker an(sehen), niemals wieder gegeneinander Krieg zu führen". Ferner erklärten sie: „Wir sind entschlossen, auch andere Fragen, die unsere beiden Länder angehen, nach der Methode der Konsultation zu behandeln und uns weiter zu bemühen, etwaige Ursachen von Meinungsverschiedenheiten aus dem Wege zu räumen, um auf diese Weise zur Sicherung des Friedens Europas beizutragen."[15] Nachdem Chamberlain diese Erklärung aus der Hand Hitlers entgegengenommen hatte, dankte er „dem Führer in warmen Worten für seine Bereitwilligkeit und unterstrich die große psychologische Wirkung, die er sich von diesem Dokument verspreche"[16]. Hitler ging großzügig auf diese papierene Erklärung ein. Für ihn bestand nämlich zu dieser Zeit die Notwendigkeit, seine Konkurrenten in Sicherheit zu wiegen. Wenn Chamberlain selbst einen Beitrag dazu leisten wollte, warum sollte er ihn daran hindern? Einen Tag vorher (am 29. September) kam Hitler zum Empfang von Mussolini an die deutsch-österreichische Grenze. Während ihrer gemeinsamen Zugfahrt nach München sagte Hitler zu Mussolini: „Im übrigen wird der Tag kommen, an dem wir uns vereint gegen England und Frankreich werden schlagen müssen"[17]. Für die Verwirklichung dieses Ziels war die Unterzeichnung der englisch-

Gemeinsame Erklärung Adolf Hitlers und Neville Chamberlains

München, 30.9.38

Der Führer und Reichskanzler und der britische Premierminister haben nach ihrer heutigen Unterredung folgende gemeinsame Erklärung herausgegeben:

„Wir haben heute eine weitere Besprechung gehabt und sind uns in der Erkenntnis einig, daß die Frage der deutsch-englischen Beziehungen von allererster Bedeutung für beide Länder und für Europa ist. Wir sehen das gestern abend unterzeichnete Abkommen und das deutsch-englische Flottenabkommen als symbolisch für den Wunsch unserer beiden Völker an, niemals wieder gegeneinander Krieg zu führen. Wir sind entschlossen, auch andere Fragen, die unsere beiden Länder angehen, nach der Methode der Konsultation zu behandeln und uns weiter zu bemühen, etwaige Ursachen von Meinungsverschiedenheiten aus dem Wege zu räumen, um auf diese Weise zur Sicherung des Friedens Europas beizutragen.

Adolf Hitler.
Neville Chamberlain."

Dokumente und Materialien aus der Vorgeschichte des Zweiten Weltkrieges, a.a.O., Bd. 1, S. 291 f.

---

deutschen Nichtangriffserklärung nicht nur nicht hinderlich, sondern trug vielmehr zu ihrer Durchsetzung bei. Deshalb unterzeichnete auch Hitlers Außenminister zwei Monate später, am 6. Dezember, mit dem französischen Außenminister in Paris „bereitwillig" eine französisch-deutsche Erklärung gleichen Charakters. Bei beiden Erklärungen dachte Hitler nicht im geringsten daran, sie einzuhalten.

Auf diese Weise also wurde der große Betrug von München inszeniert. Nach seiner Rückkehr aus München nach London erklärte Chamberlain: „Wir werden, glaube ich, Zeit unseres Lebens Frieden haben."[18] Vor Freude mit der „englisch-deutschen Erklärung" winkend, sagte er zu der in der Downing Street versammelten Menschenmenge: „Ich glaube, das ist der Frieden für unsere Zeit."[19] Und weiter sagte er: „Ich bitte Sie, jetzt nach Hause zu gehen und sich beruhigt ins Bett zu legen!"[20] Chamberlain persönlich war der Meinung, daß er durch den Ausverkauf der Tschechoslowakei und durch die Erfüllung von Hitlers Forderungen im Austausch mit der lang ersehnten englisch-deutschen Erklärung Englands Sicherheit garantiert habe.

Ferner dachte er, daß auch sein Komplott, als lachender Dritter dazustehen, geglückt sei, da er Hitler den Weg nach Osten frei gemacht habe. Aber Chamberlain hatte sich zu früh gefreut.

ANMERKUNGEN DES ÜBERSETZERS

1) Rönnefarth, a.a.O., S. 654
2) Michaelis, Schraepler, a.a.O., Bd. 13, S. 77 f.
3) Rönnefarth, a.a.O., S. 655
4) FRUS, Bd. 1, S. 608
5) DBFP, a.a.O., S. 613
6) Michaelis, Schraepler, a.a.O., Bd. 12, S. 445
7) ebenda
8) Dokumente und Materialien aus der Vorgeschichte des Zweiten Weltkrieges, Bd. I, Moskau 1948, S. 261 ff.
9) ebenda, S. 268
10) ebenda
11) Michaelis, Schraepler, a.a.O., Bd. 12, S. 456
12) ebenda
13) ebenda, S. 457
14) Schmidt, a.a.O., S. 417
15) Michaelis, Schraepler, a.a.O., Bd. 12, S. 480
16) Michaelis, Schraepler, a.a.O., Bd. 12, S. 479
17) Galeazzo Ciano, „Tagebücher 1937/1938", Hamburg 1949, S. 240
18) Michaelis, Schraepler, a.a.O., Bd. 12, S. 480
19) Boris Celocsky, „Das Münchener Abkommen von 1938", Stuttgart 1958, S. 468
20) Chamberlain, a.a.O., S. 303

VI. DER STEIN, DEN SIE ERHOBEN HABEN, FÄLLT AUF IHRE EIGENE FÜSSE

Die Tschechoslowakei war das unmittelbare Opfer des Komplotts von München. Das Münchener Abkommen legte fest, daß die Tschechoslowakei 23.600 Quadratkilometer ihres Territoriums an Deutschland abtritt, einschließlich aller Verteidigungsanlagen, Industriebetriebe, Transportmittel und Gebäude in diesem Gebiet. Dieses Abkommen beinhaltete für die Tschechoslowakei den Verlust von mehr als einem Drittel ihres Territoriums, 3,6 Millionen Einwohnern und der Hälfte ihrer ökonomischen Quellen. Auch die reaktionären Regierungen Polens und Ungarns nutzten diese Gelegenheit, um 1.400 qkm bzw. 16.100 qkm an sich zu reißen. Am 5. Oktober mußte Staatspräsident Benesch zurücktreten; unter dem Druck Berlins bildete man in der Tschechoslowakei eine deutschfreundliche Regierung. Innerhalb weniger Tage war die Tschechoslowakei zu einem zerstückelten und wirtschaftlich ruinierten Land geworden, das kurz vor dem Untergang stand.

Aber der Appetit des Aggressors war nicht zu stillen. Deutschland hatte noch nicht einmal die Besetzung der abgetretenen Gebiete abgeschlossen, da gab Hitler der deutschen Wehrmacht den Befehl, „Vorbereitungen für die Kriegführung", für die „Erledigung der Rest-Tschechei" zu treffen.[1]) Dann provozierte er die Abtrennung der Slowakei von der Tschechoslowakei. Am 14. März 1939 verkündete die Slowakei eine vom deutschen Außenministerium ausgearbeitete „Unabhängigkeits"erklärung und gründete einen „unabhängigen Staat", der unter den Fittichen Deutschlands stand. Am folgenden Tag empfing Hitler den neuen Staatspräsidenten und den Außenminister der Tschechoslowakei und befahl ihnen, ein vorgefertigtes Kommuniqué zu unterzeichnen, worin es hieß: „Der tschechoslowakische Staatspräsident hat erklärt, daß er ... das Schicksal des tschechischen Volkes und Landes vertrauensvoll in die Hände des Führers des Deutschen Reiches legt"[2]). Daß Hitler einfach den Staatspräsidenten eines anderen Landes dazu zwang, eigenmächtig und sich über alle Gesetze hinwegsetzend die Unabhängigkeit seines Landes zu zerstören so etwas hatte es in der Geschichte nur selten gegeben und stellte wirklich den Gipfel der Anmaßung dar. Kurz nach dieser unter brutalem Druck zustandegekommenen Unterzeichnung marschierten deutsche Truppen unaufhaltsam von mehreren Seiten in die Tschechoslowakei ein und besetzten am gleichen Tag Prag. Die gesamte Tschechoslowakei fiel in die Hände Hitlers. So fand der in München begonnene Ausverkauf der Tschechoslowakei seinen Abschluß.

Während Hitler ungeduldig auf eine günstige Gelegenheit wartete, um die Tschechoslowakei ganz zu zerschlagen, redete Chamberlain Hitler immer noch nach dem Munde und überschüttete ihn mit Schmeicheleien. Nach dem Abschluß des politischen Geschäfts von München wollte er auch die englisch-deutschen Wirtschaftsbeziehungen weiter ausbauen, um die „Verständigung" im politischen Bereich zu ergänzen und voranzutreiben. Die Chamberlain-Regierung machte den Vorschlag, daß die drei Länder England, Frankreich und die Niederlande Deutschland zur Überwindung seiner Devisenschwierigkeiten freie Devisen anbieten; sie regte ferner eine Wirtschaftskonferenz mit vier Ländern, England, Frankreich, Deutschland und Italien, an, auf der Fragen der wirtschaftlichen Zusammenarbeit diskutiert werden sollten. Hinterlistig sagte sie, sobald es Fortschritte bei der Verständigung zwischen den vier Ländern gebe, könne die Übernahme „gewisser Abwehrverpflichtungen bzw. sogar einer Garantie"[2a] durch die vier Länder zur gemeinsamen Abwehr der Sowjetunion in Erwägung gezogen werden.

Nach der deutschen Invasion in der Tschechoslowakei ließ die Chamberlain-Regierung Frankreich umgehend mitteilen, England sei nicht bereit, weder gegenüber der Tschechoslowakei noch gegenüber Frankreich weitere Verpflichtungen einzugehen. Ferner sagte sie, wenn Frankreich von der Tschechoslowakei in einen Krieg verwickelt werde, habe England keine Verpflichtungen, denn Deutschland habe Frankreich nicht angegriffen. Sie warnte Frankreich, nicht auf die militärische Unterstützung von seiten Englands zu rechnen. Nach Chamberlains Ansicht sei es ein kluger Schritt, möglichst schnell unter Ausnutzung dieser Gelegenheit zu erklären, daß die Garantie wegen der veränderten Lage bereits erloschen sei. Nach einigen Aktivitäten hinter den Kulissen brachen England und Frankreich erneut ihr

Das Ende der „Rest-Tschechei" am 15. März 1939: Wut und Haß schlägt den Besatzern entgegen (unten). Hitler wagt es nur vom Hradschin herab, sich in der Öffentlichkeit zu zeigen (links).

Wort und sahen tatenlos zu, wie sich Hitler die gesamte Tschechoslowakei einverleibte. Chamberlain schob mit der „Unabhängigkeits"erklärung der Slowakei als Vorwand die Verantwortung von sich und rechtfertigte auf schamlose Weise dieses Verhalten: „Diese Erklärung hatte die Wirkung, daß der Staat, dessen Grenzen wir zu garantieren beabsichtigten, von innen her zerbrach und so sein Ende fand ... und Seiner Majestät Regierung kann sich infolgedessen nicht mehr länger an diese Verpflichtung gebunden halten."[3] Er wollte nicht einmal Hitlers Vertragsbruch verurteilen. Nach drei Tagen konnten die englische und die französische Regierung unter dem Druck der öffentlichen Meinung nicht mehr umhin, einen schwachen „Protest" an Deutschland zu richten, um die Angelegenheit irgendwie abzuschließen. Auf der Münchener Konferenz hatten England und Frankreich feierlich „die neuen Grenzen des tschechoslowakischen Staates gegen einen unprovozierten Angriff" „garantiert". Aber kaum war das Münchener Abkommen unterzeichnet, da besetzte Hitler die ganze Tschechoslowakei, und England und Frankreich ließen wortbrüchig ihre „Garantie" fallen und machten keinen Finger krumm, als ein kleines Land vernichtet wurde. Hier sieht man klar, was von Versprechungen und Verträgen imperialistischer Großmächte zu halten ist. Ihre „Garantien" sind keinen Schuß Pulver wert, und ihre Abkommen sind nur ein Fetzen Papier.

Chamberlain und seinesgleichen wollten das Aggressionspotential Hitlerdeutschlands auf die Sowjetunion lenken. Deshalb überließen sie Deutschland das Sudetenland und deshalb schauten sie tatenlos zu, wie Hitler die ganze Tschechoslowakei verschlang. Aber Hitler hatte seine eigenen Pläne, die nicht den Wunschvorstellungen Chamberlains und seinesgleichen entsprachen. Er beschloß, zuerst gegen England und Frankreich, die ständig zurückgewichen waren und überall ihre Schwächen gezeigt hatten, loszuschlagen und das im englisch-französischen Einflußbereich liegende Polen anzugreifen.

Sofort nach der Annexion der Tschechoslowakei eroberte Hitler das litauische Memelgebiet. Als nächstes stellte er an Polen territoriale Forderungen. Am 3. April 1939 ließ er offiziell den Operationsplan „Weiß", „die Vernichtung des polnischen Heeres"[4], den unteren Stellen der Wehrmacht mitteilen. Kurze Zeit später kündigte Deutschland auch den

Nichtangriffspakt mit Polen und das Flottenabkommen mit England. Deutsche Truppen wurden an der deutschpolnischen Grenze zusammengezogen und in Alarmbereitschaft versetzt. Im Sommer jenes Jahres war die Lage in Europa bis zum äußersten gespannt, der Krieg konnte jeden Augenblick ausbrechen.

Zu jener Zeit waren sich die englische und die französische Regierung bereits im klaren darüber, gegen wen sich die Speerspitze der Aggression Hitlers richten würde. Sie erklärten, wenn Polen angegriffen werde, sähen sich England und Frankreich verpflichtet, „sofort der Polnischen Regierung alle in ihrer Macht liegende Unterstützung zu gewähren"[5]. Trotzdem waren sie auch weiterhin nicht bereit, auf ihre Beschwichtigungspolitik zu verzichten. Mit Unterstützung Frankreichs und Amerikas führte England mit Deutschland auf den verschiedensten Wegen Geheimverhandlungen. Bei diesen Verhandlungen machte die englische Regierung weitgehende Vorschläge zur Verbesserung der englisch-deutschen Beziehungen, einschließlich der Unterzeichnung einer Nichteinmischungserklärung in bezug auf die Gegenseite und ihre Einflußbereiche. Die englische Regierung brachte zum Ausdruck, daß Großbritannien, wenn Deutschland diese Vorschläge akzeptieren würde, bereit sei, „die deutschen Interessensphären in Ost- und Südosteuropa voll zu respektieren. Das würde zur Folge haben, daß Großbritannien auf die gewissen Staaten in der deutschen Interessensphäre gegebenen Garantien verzichtet... Großbritannien verspricht, die zur Zeit laufenden Paktverhandlungen mit der Sowjetunion aufzugeben."[6] Mit anderen Worten, England war nach der Aufopferung Spaniens, der Preisgabe Österreichs und dem Ausverkauf der Tschechoslowakei bereit, Polen und andere osteuropäische Länder ebenfalls zu opfern, um Hitler zum Angriff gegen die Sowjetunion zu veranlassen.

Gleichzeitig vefolgten England und Frankreich eine großangelegte Doppeltaktik und führten mit der Sowjetunion Scheinverhandlungen. Im April 1939 nahmen sie diplomatische Kontakte zur Sowjetunion auf. Sie machten eine Reihe von unannehmbaren Vorschlägen, nach denen von der Sowjetunion in Wirklichkeit verlangt wurde, einseitig gegenüber England und Frankreich Schutzverpflichtungen einzugehen, während England und Frankreich sich weigerten, solche Verpflichtungen gegenüber der Sowjetunion und den baltischen Küstenländern zu übernehmen. Ihre Absicht dabei war, einen Konflikt zwischen der Sowjetunion und Deutschland zu provozieren. Um den toten Punkt bei den Verhandlungen zu überwinden, lud die Sowjetunion den englischen Außenminister nach Moskau ein, aber Chamberlain schickte nur eine zweitrangige Person aus dem Außenministerium. Im Juli spitzte sich die Lage in Europa immer mehr zu. Die Sowjetunion schlug vor, politische und militärische Verhandlungen gleichzeitig zu führen. Chamberlain bekundete nach außen seine Zustimmung, aber ohne die geringste Ernsthaftigkeit. Absichtlich zögerte er die Verhandlungen hinaus. Die Mitglieder der englischen und der französischen Verhandlungsdelegation waren alle zweitrangige Leute, die keinerlei Vollmachten hatten. Der englische Delegationschef war ein Admiral im Ruhestand, der einst einen Flottenstützpunkt befehligt hatte, und der französische Delegationschef war einfacher General. Auf dem Luftweg hätte man einen Tag nach Moskau gebraucht, aber die englische Militärdelegation fuhr mit einem Fracht- und Passagierdampfer, der keine 30 Seemeilen pro Stunde schaffte, so daß sie erst nach einer Woche ankam. Noch unerträglicher war, daß die englische Delegation mit der Weisung nach Moskau kam, „die Verhandlungen äußerst schleppend zu führen", was in anderen Worten hieß, daß sie nicht bevollmächtigt war, ein Abkommen zu unterzeichnen. In den Verhandlungen brachte die Sowjetunion zum Ausdruck, daß im Falle einer Aggression gegen irgendein Vertragsland 136 Divisionen, 5.000 mittlere und schwere Geschütze, ca. 10.000 Panzer und Kleinkampfwagen und 5.000 Flugzeuge zum Einsatz kommen sollten, England jedoch meinte, daß es nur 5 Infanteriedivisionen und eine mechanisierte Division einsetzen könne.

Die Sowjetunion war sich damals völlig im klaren über die Aggressions- und Expansionsbestrebungen Hitlers und über seinen antikommunistischen und volksfeindlichen Charakter. Sie betonte immer wieder, daß sich die europäischen Staaten zur Abwehr der faschistischen Aggression zusammenschließen müßten. Wegen der mangelnden Aufrichtigkeit, der Hinhaltetaktik und der Sabotage Englands und Frankreichs in den mehr als vier Monate dauernden Verhandlungen zwischen der Sowjetunion, England und Frankreich konnte kein Abkommen erzielt werden. Deshalb blieben die sowjetischen Bemühungen, gemeinsam mit England und Frankreich dem faschistischen Deutschland entgegenzutreten und einen Aggressionskrieg zu verhindern, erfolglos. Als die Lage in Europa immer bedrohlicher wurde, das faschistische Deutschland hartnäckig auf die Entfesselung eines Krieges hinarbeitete und der Krieg jeden Augenblick ausbrechen konnte, da nutzte die Sowjetunion geschickt die Widersprüche zwischen den imperialistischen Staaten aus, um das Komplott der englischen und der französischen Regierung, nämlich durch die Fortsetzung der Beschwichtigungspolitik das Aggressionspotential Hitlers nach Osten zu lenken, zu Fall zu bringen und die Schaffung eines antisowjetischen Lagers durch Kollaboration zwischen England, Frankreich und Deutschland zu vereiteln. Die Sowjetunion stimmte den deutschen Forderungen zu und schloß mit Deutschland den sowjetisch-deutschen Nichtangriffspakt. Zu diesem Pakt führte der Vorsitzende Mao aus: *„England, die USA und Frankreich verfolgten den Plan, Deutschland zu einem Krieg gegen die Sowjetunion aufzuhetzen, sie selbst aber wollten ‚auf dem Berg sitzend dem Kampf der Tiger zuschauen', die Sowjetunion und Deutschland sich in einem Krieg gegenseitig zermürben lassen, und dann würden sie auf den Schauplatz treten und Ordnung schaffen. Diese Verschwörung wurde durch den Abschluß des sowjetisch-deutschen Nichtangriffspaktes durchkreuzt."*

Hitler wollte zuerst mit England und Frankreich aufräumen und dann gegen die Sowjetunion vorgehen. Als die Kriegsvorbereitungen abgeschlossen waren, inszenierte Deutschland absichtlich einen Zwischenfall und setzte am 1. September 1939 58 Divisionen, davon 6 Panzerdivisionen und 8 motorisierte Divisionen und 2.000 Flugzeuge in Bewegung, um in drei Hauptstoßrichtungen nach Polen einzufallen. Auf diese Weise entfesselte es den II. Weltkrieg. Am 3. September waren England und Frankreich gezwungen, Deutschland den Krieg zu erklären. Daraufhin erklärten auch die Dominions Deutschland den Krieg. Nicht einmal

---

* Mao Tsetung, „Die Interessen der Sowjetunion fallen mit den Interessen der gesamten Menschheit zusammen", Mao Tsetung, Ausgewählte Werke, Bd. II, S. 321

ein Jahr war seit dem Münchener Abkommen vergangen, als zwischen Deutschland, England und Frankreich, die dieses Abkommen unterzeichnet hatten, der Krieg ausbrach und sie sich gegenseitig auf dem Schlachtfeld niedermetzelten. Unter dem Kanonendonner des Krieges fiel die „Friedens"-propaganda von München in sich zusammen, der Traum von der Ablenkung des Unheils nach Osten war ausgeträumt und das Komplott gescheitert. Als Chamberlain Deutschland den Krieg erklärte, blieb ihm nichts anderes übrig als zuzugeben: „Alles, wofür ich gearbeitet habe, alles, worauf ich gehofft habe, alles, woran ich in meiner öffentlichen Laufbahn geglaubt habe, ist in Trümmer geschlagen worden."7)

Aber der üble Geist von München spukte noch weiter. Die Kriegserklärungen Englands und Frankreichs standen in Wirklichkeit nur auf dem Papier, ihnen folgten keine Taten. In den ersten sechs Monaten nach der Kriegserklärung unternahmen England und Frankreich keinerlei Schritte. Sie schickten keinen einzigen Soldaten und kein einziges Gewehr zur Unterstützung nach Polen. Obwohl die englisch-französischen Streitkräfte damals an der Westfront den deutschen absolut überlegen waren, starteten sie keinen einzigen ernstzunehmenden Angriff. Ein englischer General beschrieb die damalige Lage an der deutsch-französischen Grenze folgendermaßen: „Das stärkste Heer der Welt (das französisch-englische), nur 26 (deutschen) Divisionen gegenüberstehend, blieb ruhig und geschützt hinter Stahl und Zement sitzend, während ein abenteuerlich kühner Verbündeter vernichtet wird!"8) Montgomery, seinerzeit Kommandeur der 3. Division des englischen Expeditionskorps auf dem Festland, sagte, daß nach der englischen Kriegserklärung an Deutschland die Chamberlain-Regierung ein „englisches Expeditionskorps" mit nur scheinbarem Expeditionscharakter aufs Festland geschickt hätte, dessen Zusammensetzung auf Heeresdivisionen mit jeweils 2 Kompanien beschränkt gewesen wäre; England sei zwar das Land, das den Panzer erfunden hätte, aber „1939 konnte man auf dem europäischen Kontinent keinen einzigen britischen Panzer sehen". Frankreich verlangte sogar, daß England keine Luftangriffe gegen Deutschland unternehme, damit Frankreich keinen Vergeltungsaktionen ausgesetzt werde. So führten England und Frankreich an der Westfront einen Krieg, der in der ganzen Welt als „stiller Krieg",

„Scheinkrieg" oder „komischer Krieg" bezeichnet wurde.
Tatsächlich war dieser „komische Krieg" an der Westfront kein Zufall. Nach der Aussage von Montgomery brachte Chamberlain noch Ende 1939 bei einer Besichtigung der Westfront zum Ausdruck, er glaube nicht, daß Deutschland die Absicht habe anzugreifen. Abgesehen von der Seeblockade gegen Deutschland, entwickelten England und Frankreich zahlreiche diplomatische Aktivitäten, intensivierten ihre Bemühungen, die nordeuropäischen Staaten Schweden, Dänemark und Norwegen auf ihre Seite zu ziehen, und führten Verstärkungsarbeiten an ihrem Schutzwall aus, in der Absicht, im Westen ein Bollwerk zu errichten, um den Angriff nach Osten abzulenken. Sie hofften, mit Hitler wieder ins reine zu kommen, und ließen Hitler bei der Vernichtung Polens gewähren. Der „komische Krieg" entsprang der Anwendung der englisch-französischen Beschwichtigungspolitik auf den Krieg, er war die Fortsetzung des Münchener Komplotts unter neuen Bedingungen.

Während England und Frankreich noch auf die trügerische Ruhe bauten, bereitete Hitler bereits ein neues Blutvergießen vor. Nach der Annexion Polens erweckte Hitler einerseits den Eindruck, daß es im Westen keinen Krieg gibt. Des öfteren richtete er an England und Frankreich „Friedensangebote". Er erklärte, sobald England und Frankreich die Annexion Polens durch Deutschland anerkannt hätten, sei „die endgültige Sanktionierung des europäischen Staates"[9]) möglich und notwendig. Auf der anderen Seite forcierte er die Aufrüstung und Kriegvorbereitung. Er ließ im Osten die Naturschätze plündern, um Deutschlands Stärke zu vergrößern, und traf militärische Vorkehrungen, um Truppen heimlich an die Westfront zu verlegen.

Am 9. April 1940 startete Deutschland einen „Blitzkrieg" gegen Dänemark und Norwegen und besetzte sie. Am 10. Mai führte Deutschland unter Verletzung der Neutralität Hollands, Belgiens und Luxemburgs einen Überraschungsangriff auf diese Länder durch, besetzte sie in rascher Folge und ließ die deutschen Truppen zur französischen Grenze vorrücken. Damit war die heimtückische Politik von München, die Chamberlain und seinesgleichen verfolgt hatten, endgültig zusammengebrochen.

Leute, die die Geschichte verhöhnen, entgehen ihrer

Strafe nicht. Als am 10. Mai 1940 die Nachricht vom deutschen Großangriff an der Westfront in London bekannt wurde, ging ein Schrei der Empörung durch die öffentliche Meinung Englands. Chamberlains Autorität verfiel rapide. Sang- und klanglos mußte er von der politischen Bühne abtreten, und im November des gleichen Jahres starb er.

Nach der Besetzung Hollands, Belgiens und Luxemburgs rückten die deutschen Truppen unaufhaltsam nach Westen vor und marschierten überraschend in Nordfrankreich ein. Sie stießen rasch in Richtung Ärmelkanal vor und schlossen die rund 400.000 Mann starken vereinten englisch-französischen Truppen bei Dünkirchen ein. Von drei Seiten von deutschen Truppen angegriffen und von Flugzeugen bombadiert, gerieten die englisch-französischen Truppen in arge Bedrängnis und erlitten schwere Verluste. Erst als England eine große Anzahl von Schiffen, darunter sogar Privatboote, in Bewegung setzte, konnten die geschlagenen und zersprengten Truppen vom 29.5. bis 3.6. auf die britischen Inseln zurückgezogen werden, wobei das gesamte Kriegsmaterial, einschließlich 700 Panzer und 2.400 Geschütze, zurückgelassen und mehr als 40 000 französische Soldaten aufgegeben wurden. Das war die wirkliche Geschichte des „glorreichen" Rückzugs von Dünkirchen.

Nach dem Fall von Dünkirchen geriet Frankreich in äußerste Gefahr. Die deutschen Truppen umgingen die Maginotlinie,* starteten am 5. Juni heftige Angriffe und zerstörten schnell und überraschend die Verteidigungslinie der französischen Truppen an der Somme, stießen nach Süden und näherten sich Paris. Am 10. Juni erklärte Italien England und Frankreich den Krieg und griff Frankreich von Süden her an. Am 14. Juni besetzten deutsche Truppen Paris. Unter denjenigen, die gefangengenommen wurden, war auch Daladier. Am 22. Juni unterzeichnete die landesverräterische Petain-Regierung einen Waffenstillstand, der die Kapitulation bedeutete. Frankreich, das als das Land mit dem stärksten Landheer Europas bekannt war, hatte nach einem nur dreiwöchigen Krieg kapituliert, und sein 3 Millionen Mann starkes Heer war völlig zerschlagen. Das war die unvermeidliche Folge der von der französischen Regierung

---

* Die Maginotlinie war ein System von Verteidigungsanlagen, das von Frankreich an seiner Grenze mit Deutschland errichtet wurde. Ihr Bau wurde 1929 begonnen und 1934 abgeschlossen.

Hitlers Aggressionskrieg im Westen 1940: Einmarsch deutscher Truppen in Paris am 14. Juni (oben); die englische Industriestadt Coventry wurde durch deutsche Luftangriffe fast völlig zerstört (unten).

im Verein mit Chamberlain jahrelang betriebenen Beschwichtigungspolitik.

Ihre Furcht vor dem Volk und der Revolution trieb die Daladier-Regierung zu diesem politischen Kurs, mit dem Ergebnis, daß die Organisationskraft erlahmte und die Kampfmoral der Soldaten sank. Noch bis zum Ausbruch des Krieges war die Daladier-Regierung überzeugt davon, daß mit der Maginotlinie der deutsche Angriff aufzuhalten sei und die deutschen Truppen „nicht durchkämen". Angesichts des „Blitz"angriffs der deutschen Truppen verlor sie ihren Kopf und ihre Widerstandskraft und zog die Truppen immer weiter zurück. Damit arbeitete sie den Umtrieben der Kapitulanten in der herrschenden Clique in die Hände, was schließlich zum Untergang des Staates führte.

Nach der Vernichtung Frankreichs streckte Hitler seine Krallen nach England aus. Gestützt auf seine Luftüberlegenheit, setzte Deutschland mehr als zwei Monate lang täglich Tausende von Flugzeugen ein und belegte die englische Hauptstadt London sowie See- und Luftstützpunkte, Industriestädte usw. mit mörderischen Flächenbombardements, die schwere Zerstörungen anrichteten.

Chamberlain und Daladier hatten lange Zeit eine Beschwichtigungspolitik betrieben und in Kollaboration mit Hitler das Komplott von München ausgeheckt. Sie hatten die Zerstückelung kleiner Länder zugelassen und die Aggression geduldet, um Hitler zum Krieg gegen die Sowjetunion aufzuhetzen, in dem vergeblichen Versuch, „auf dem Berg sitzend dem Kampf der Tiger zuzuschauen".

Diese Politik steigerte den Appetit des faschistischen Deutschlands auf neue Eroberungen und dehnte den Kriegsbrand immer mehr aus. Schließlich erreichte er das englische und das französische Territorium und bereitete Chamberlain und Daladier das Schicksal von Leuten, die mit dem Feuer spielen und darin umkommen. Vorsitzender Mao wies darauf hin: „*Auf dem 6. Plenum des auf dem VI. Parteitag gewählten Zentralkomitees der KP Chinas im Oktober 1938 sagte ich: ,Der Stein, den sie erhoben haben, fällt auf ihre eigenen Füße — das wird das unvermeidliche Ergebnis der Chamberlainschen Politik sein.' Chamberlain begann mit der Absicht, anderen zu schaden und endete mit dem Ergebnis, daß er sich selbst geschadet hat. Das wird die Gesetzmäßig-*

keit der Entwicklung einer jeden reaktionären Politik sein."*

Die Schlußfolgerung der Geschichte lautet: Hitler war der Drahtzieher des II. Weltkrieges, ein Kriegsbrandstifter und Chamberlain sein Komplize, der dessen Aggression, Expansion und Entfesselung des Krieges duldete, ein Einfaltspinsel, dem der Stein, den er erhoben hatte, auf die eigenen Füße fiel. Der eine war zügellos, brutal, ein Massenmörder und aufs äußerste verhaßt; der andere war ein Speichellecker, nährte die Schlange an seiner Brust und erntete nur Verachtung. Zwischen beiden gibt es zwar Unterschiede, aber beide trifft das gleiche vernichtende Urteil der Geschichte.

ANMERKUNGEN DES ÜBERSETZERS

1) Michaelis, Schraepler, a.a.O., S. 534
2) Dokumente zur Sudetendeutschen Frage 1916–1967, a.a.O., S. 263
2a) J.C. Doherty, „Das Ende des Appeasement", Berlin 1973, S. 84
3) Michaelis, Schraepler, a.a.O., Bd. 13, S. 90
4) ebenda, S. 213
5) ebenda, S. 206
6) Dokumente und Materialien aus der Vorgeschichte des Zweiten Weltkrieges, a.a.O., Bd. II, S. 113
7) Michaelis, Schraepler, a.a.O., Bd. 13, S. 638
8) J.F.C. Fuller, „Der zweite Weltkrieg 1939–1945", Wien 1950, S. 59
9) Domarus, a.a.O., S. 1391

---

* Mao Tsetung, „Gespräch mit einem Korrespondenten der Zeitung Hsinhua Jibao über die neue internationale Lage", Mao Tsetung, Ausgewählte Werke, Bd. II, S. 305

VII. DER ZUSAMMENBRUCH DES KOMPLOTTS VON MÜNCHEN

Die Geschichte hat bereits den Zusammenbruch des Komplotts von München bewiesen und ihr Urteil über den Kriegsbrandstifter Hitler und über Chamberlain, der ihm Hilfsdienste leistete, gefällt. Wenn wir uns diesen Abschnitt der Geschichte wieder in Erinnerung rufen, so sehen wir: das Komplott von München war kein Zufall, sondern Produkt imperialistischer Politik. Konkret war es aus der Verbindung von imperialistischer Expansionspolitik und imperialistischer Beschwichtigungspolitik entstanden; es war ein Produkt der Kollaboration von England und Frankreich mit den deutschen und italienischen Faschisten. Die hauptsächlich von Hitler vertretene imperialistische Kriegs- und Aggressionspolitik konnte im allgemeinen relativ leicht durchschaut werden. Es war allerdings wesentlich schwieriger, das Wesen der hauptsächlich von Chamberlain vertretenen imperialistischen Beschwichtigungspolitik zu erkennen, und zwar wegen Chamberlains honigsüßem Gerede von ,,Frieden" und ,,Nichteinmischung", das seine Beschwichtigungspolitik begleitete und große Verwirrung stiftete.

Nach seiner Rückkehr aus München beschönigte Chamberlain mit allen erdenklichen Mitteln diesen großen Betrug als eine Tat, die den Frieden ,,gerettet" habe. Er sagte: ,,Die Vertreter der vier Mächte haben eine Katastrophe abgewehrt, die das Ende der zivilisierten Welt bedeutet hätte." [1]

Um die Durchführung seiner Politik zu erleichtern, versuchte Chamberlain nach Kräften, Angst vor dem Krieg zu verbreiten. Er sagte, ,,ein Krieg sei in unseren Tagen eine ganz andere Sache als in der Vergangenheit" [2], der Ausbruch des Krieges bedeute ,,das Ende der zivilisierten Welt". Deshalb sah er ,,die Befriedung Europas als mein Hauptziel" [3] an. Mit diesen schönen Worten stellte er sich als ,,Friedensretter" dar, und das Wundermittel, das er aus seinem ,,Friedensarsenal" holte, war die Beschwichtigungspolitik. In seinen Worten hieß das, mit ,,Aufrichtigkeit und dem guten Willen" ,,gemeinsame Gesichtspunkte zwischen dem Oberhaupt einer demokratischen Regierung und dem eines totalitären Staates" 4) zu finden.

Und die Münchener Konferenz sollte ein „Beispiel" dafür sein. Prahlerisch sagte Chamberlain: „Wenn wir nunmehr das Münchener Abkommen beurteilen wollen, müssen wir zunächst vermeiden, es als einen persönlichen oder nationalen Triumph auszulegen. Der Triumph besteht vielmehr darin, daß die Vertreter von vier Mächten gezeigt haben, daß es möglich ist, eine schwierige und gefährliche Operation ohne Menschenopfer zu erreichen." 5)

Die Tatsachen aber hatten sehr schnell Chamberlains Lügen aufgedeckt. Die Schlußfolgerung der Geschichte lautete: München hat keine Konflikte vermieden, sondern die Widersprüche vertieft; es hat nicht den Frieden gerettet, sondern zum Krieg geführt. Chamberlains „Entspannungs"-rummel sollte nur sein auf die Duldung von Aggression und Schürung des Krieges abzielendes Komplott verschleiern. Seine betörenden Worte von „Aufrichtigkeit und gutem Willen" sollten nur den unverschämten Ausverkauf mittlerer und kleinerer Staaten überdecken. Daran ist ersichtlich, daß die Beschwichtigungspolitik ihrem Wesen nach genau das gleiche wie Kriegspolitik ist. Stalin führte auf dem XVIII. Parteitag der KPdSU(B) am 10. März 1939 klar aus: *„In Wirklichkeit bedeutet jedoch die Politik der Nichteinmischung eine Begünstigung der Aggression, die Entfesselung des Krieges und folglich seine Umwandlung in einen Weltkrieg."** Auch Vorsitzender Mao stellte in aller Schärfe fest, daß die Politik der „Nichteinmischung" nur ein Ziel habe, nämlich *„aggressive Kriege zu dulden und aus diesen Kriegen Vorteile für sich herauszuschlagen".***

Angesichts des immer näher rückenden Angriffs Hitlers blieb Chamberlain bei seiner Kompromiß- und Rückzugspolitik. Die Folge davon war aber, daß er die Aggressionsgier der deutschen Faschisten nicht stillen konnte, sondern sie nur noch verstärkte. Chamberlain half in Wirklichkeit Hitler bei der Verwirklichung seiner Kriegspläne, was schließlich zum Ausbruch des II. Weltkrieges führte. Wie kommt es, daß Chamberlain sich immer wieder vor Hitler verbeugte, obwohl England und Frankreich militärisch und wirtschaftlich

---

* Stalin, „Fragen des Leninismus", 5. Aufl., Berlin 1952, S. 687
** Mao Tsetung, „Gespräch mit einem Korrespondenten der Zeitung Hsinhua Jibao über die neue internationale Lage", Mao Tsetung, Ausgewählte Werke, Bd. II, S. 304

Deutschland weit überlegen waren? Um diese Frage zu beantworten, darf man nicht nur vom persönlichen Versagen Chamberlains reden. Chamberlain war genauso wie Hitler der Vertreter einer bestimmten Klasse, nämlich der Monopolbourgeoisie. Wir müssen ihre Worte und Taten von der Klassennatur ihrer Politik her untersuchen. Marx sagte: *„Es versteht sich also, daß die Individuen, insofern sie die Träger der Staatsgeschäfte und Gewalten sind, ihrer sozialen und nicht ihrer privaten Qualität nach betrachtet werden."**

Nach dem I. Weltkrieg und besonders nach dem Sieg der Großen Sozialistischen Oktoberrevolution erlebte das gesamte kapitalistische System eine Zeit schwerer Erschütterungen. England, einst ein Land, in dem „die Sonne nie unterging", befand sich bereits in der Phase des Abstiegs. Der Weltkrieg hatte seine wirtschaftliche Macht geschwächt. Die Wirtschaftskrisen nach dem Krieg, insbesondere die die gesamte kapitalistische Welt erschütternde und in ihrem Ausmaß einmalige Krise von 1929 bis 1933, brachten die englische Wirtschaft in große Zerrüttung. Die Klassenwidersprüche in England verschärften sich, und die Arbeiterbewegung erlebte einen großen Aufschwung. Die Kämpfe der Arbeiterklasse brachten die Herrschaft der Monopolbourgeoisie in Gefahr. Ursprünglich war England die größte Kolonialmacht der Welt, es gehörte zu den Siegermächten des I. Weltkrieges und entriß Deutschland nicht wenige neue Kolonien. Aber je mehr Gebiete das britische Empire, das sich selbst im Innern und in der internationalen Arena schweren Widersprüchen gegenübersah, an sich riß, desto schwieriger wurde es, sie zu halten. Der Aufschwung der nationalen Befreiungsbewegungen nach dem Krieg versetzte der Kolonialherrschaft des britischen Empire noch heftigere Schläge. In dieser Situation spitzten sich die Widersprüche und Rivalitäten zwischen England und anderen imperialistischen Staaten in außergewöhnlicher Weise zu. England befand sich in diesem Ringen bereits in der Defensive, es fehlte ihm an Kraft, es steckte in der schwierigen Lage, die durch die Verszeile illustriert wird: „Da stehst du machtlos da, die Blüten fallen nieder."

Um sich aus dieser schwierigen Lage zu befreien, einen

---

* Karl Marx, „Zur Kritik der Hegelschen Rechtsphilosophie", Marx/Engels, Werke, Bd. 1, S. 222

Ausweg zu finden, den Niedergang seiner Vormachtstellung aufzuhalten und gleichzeitig der von Stalin geführten sozialistischen Sowjetunion entgegenzutreten, bediente sich England einer Außenpolitik, die durch die Hochpäppelung Deutschlands auf ein Gleichgewicht der Kräfte abzielte. Es wollte Deutschland wiederaufrichten und ihm helfen, seine wirtschaftliche Stärke wiederzuerlangen, damit es zum „westlichen Bollwerk" zur „Abwehr" der Sowjetunion werden und Frankreich im Zaume halten kann; so sollte auf dem europäischen Kontinent das Gleichgewicht zwischen den Großmächten aufrechterhalten werden. Die englischen Beschwichtigungspolitiker setzten ihre Hoffnung auf die „englisch-deutsche Verständigung und Zusammenarbeit". Sie sagten: „Wenn wir Deutschland dabei behilflich sind, unter den großen Staaten Europas eine gleichberechtigte Stellung zu erreichen, können wir das erreichen, was Hitler gesagt hat, nämlich 25 Jahre des Friedens". „Ohne die englisch-deutsche Verständigung wird Frankreich Europa beherrschen". In Wirklichkeit wollten sie, wenn auch vergeblich, durch eine „heimliche Zusammenarbeit zwischen England und Deutschland die Welt unter ihre Kontrolle bringen".

Von dieser Abwägung der Interessen ausgehend, unterstützte England Deutschland nicht nur wirtschaftlich, sondern tolerierte und förderte auch Hitlers Wiederaufrüstung. Die Beschwichtigungspolitiker sagten überall: „Der Versailler Friedensvertrag war Deutschland gegenüber ungerecht." „Es kann nur Gerechtigkeit geben, wenn Deutschland wieder aufrüsten darf." Aber kaum war Deutschland wieder bei Kräften, da streckte es auch schon seine Klauen nach anderen Ländern aus, wodurch es bereits die Interessen Englands bedrohte. Aber die englischen Beschwichtigungspolitiker schreckten vor einem direkten Konflikt mit Deutschland zurück, da sie fürchteten, daß ein Konflikt zwischen allen kapitalistischen Ländern die eigene Krise verschärfen könnte und sie dabei große Verluste hinnehmen müßten. Gleichzeitig fürchteten sie sich davor, daß der Krieg eine Revolution hervorbringen könne. In der damaligen kapitalistischen Welt war diese Beschwichtigungsströmung ziemlich weit verbreitet. Der französische Außenminister Bonnet sagte, daß in einem Krieg „ganz Europa zugrunde gehen und sowohl Sieger wie Besiegte dem Weltkommunismus verfallen würden" 6). Ferner sagte er: „Ich fürchte mich nur vor zwei Dingen: vor dem Krieg und vor der bolschewistischen Revolution nach dem Krieg." Zum Zeitpunkt des Amtsantritts von Chamberlain waren die deutschen Faschisten bereits durch ihr Auftreten als aggressiv entlarvt. Für Chamberlain aber blieb die Deutschlandpolitik weiter der „Angelpunkt der englischen Sicherheit". Er meinte, nur durch Kompromisse und Zugeständnisse an Deutschland könne eine „umfassende Lösung" der „offenen und ungelösten Fragen" erreicht werden. Er sagte: „Nachdem ich Premierminister von England geworden war, konzentrierte ich meine ganze Kraft auf die Verbesserung der englisch-deutschen Beziehungen und suchte fortwährend nach günstigen Gelegenheiten dafür". Als eine solche günstige Gelegenheit betrachtete er das mit Hitler gemeinsam geschmiedete Münchener Komplott. Er meinte: „Wenn wir diese Gelegenheit verpassen, mit Deutschland bei allen unterschiedlichen Auffassungen zu einer Verständigung zu kommen, dann ist dies ein großes Drama." Außerdem erklärte er es zum Ziel der englischen Regierung, das Jahr 1938 zu einem „Jahr des Vertrauens und der Sicherheit" zu machen. In jenem Jahr packte er tatsächlich die Gelegenheit beim Schopf und heckte gemeinsam mit Hitler „München" aus, wobei er auch einige „Erfolge" erzielen konnte, aber mit dem Ergebnis, daß er nicht nur nicht dem Jahre 1938 „Vertrauen und Sicherheit" brachte, sondern auch den europäischen Völkern ein „großes Drama" bereitete.

Chamberlains subjektive Auffassung war, durch Zugeständnisse gegenüber Hitler die Widersprüche zwischen England und Deutschland zu entschärfen und die englisch-deutschen Beziehungen zu verbessern, um zu einer Zusammenarbeit zwischen England und Deutschland zu kommen. Aus diesem Grunde opferte er bereitwillig mittlere und kleine Staaten und tat alles, um Konflike zu vermeiden und sich selbst zu schützen. Chamberlain und seinesgleichen waren der Ansicht, man müsse die Forderungen Hitlers „großzügig" zufriedenstellen; unentwegt sprachen sie von Hitlers Stärke und verbreiteten die Meinung, daß die Kraft Deutschlands bereits ausreichen würde, ganz Europa zu beherrschen. „Man könnte verrückt werden, aber wir können angesichts dieser Demütigung nichts tun als stillhalten." 7) Aber die Widersprüche zwischen den imperialistischen Ländern sind unversöhnlich, die Rivalität zwischen ihnen ist absolut. Auch wenn sie manchmal auf diese oder jene Weise miteinander kollaborieren und Zugeständnisse machen, so ist dies nur eine zeitweilige Erscheinungsform ihrer Politik, die nie zu einer dauerhaften Lösung der Widersprüche zwischen ihnen führen kann. Im Gegenteil, sie ruft nur noch heftigere Rivalität hervor. So wurde Chamberlains Illusion vom Ausgleich der Widersprüche zwischen England und Deutschland durch die Tatsachen restlos zerstört.

Die duldende Haltung gegenüber Hitlers Aggression und Expansion von Chamberlain und seinesgleichen hatte nicht nur die obengenannten Beweggründe. Sie nahmen sie auch hauptsächlich deshalb ein, weil sie ein verschwörerisches Ziel verfolgten. Ihr Komplott bestand darin, Hitlers territoriale Forderungen auf einen Teil Osteuropas zufriedenzustellen und ihm einige osteuropäische Staaten als Geschenk anzubieten, um ihm das Tor nach Osten zu einem Angriff auf die von Stalin geführte sozialistische Sowjetunion zu öffnen und gleichzeitig die englisch-deutsche Verständigung zu erreichen. Sie predigten, daß der Hauptfeind Europas der Kommunismus sei, und nur die englisch-deutsche Verständigung können ihn aufhalten. Ferner sagten sie: „Nur ein starkes Deutschland kann der Ausbreitung des Kommunismus in Europa Einhalt gebieten". Sie schlugen Osteuropa der deutschen Einflußsphäre zu und verkündeten offen: „Wenn Deutschland Rußland und die Tschechoslowakei angreift, werden wir keinen Krieg gegen Deutschland führen".

Das imperialistische Wesen von Chamberlain und seinesgleichen war der Grund für ihren abgrundtiefen Haß auf die sozialistische Sowjetunion. Chamberlain hatte einmal gesagt: „Ich muß bekennen, daß ich Rußland mit tiefstem Mißtrauen gegenüberstehe... Ich mißtraue seinen Absichten"8). Der sowjetische Vorschlag einer Allianz mit England, Frankreich und anderen Ländern gegen Hitler wurde von Chamberlain und seinesgleichen bekämpft. Chamberlain behauptete, der Vorschlag der sowjetischen Regierung „würde zwangsläufig zur Herausbildung gegensätzlicher Blöcke führen" 9), und sei für die friedliche Zukunft Europas nur von Schaden. Aber Chamberlains „Frieden für Europa" war nichts anderes als ein Komplott gegen die Sowjetunion. Er sprach immer nur von England, Frankreich,

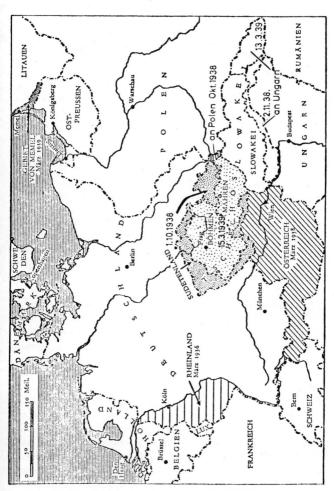

Die Annexionen Hitlers bis zum II. Weltkrieg.

Deutschland und Italien und schob die Sowjetunion beiseite, dies nicht nur, um die Sowjetunion zu isolieren, sondern auch, um Deutschland zum Krieg gegen die Sowjetunion aufzustacheln.

Mit einer solchen hinterhältigen Absicht betrieb Chamberlain seine Beschwichtigungspolitik gegenüber den Aggressionen der deutschen, italienischen und japanischen Faschisten, in der vergeblichen Hoffnung, Deutschland und die Sowjetunion in einen Krieg untereinander zu verwickeln, bei dem sich beide die Köpfe einschlagen und England als lachender Dritter Nutzen daraus ziehen könne. Chamberlain und seinesgleichen meinten, „daß ein Krieg zwischen Hitlerdeutschland und Sowjetunion nur ihren eigenen Interessen dienen würde. Sie glaubten, daß Rußland bestimmt besiegt und damit der Kommunismus vernichtet werden würde. Deutschland aber würde dann so geschwächt sein, daß es auf viele Jahre hinaus die übrige Welt nicht mehr ernsthaft werde bedrohen können."10) Dieses Komplott der Appeasementpolitiker hat der Vorsitzende Mao schon 1939 enthüllt: *„Die Politik der 'Nichteinmischung', wie sie von der internationalen und vor allem von der englisch-französischen Reaktion betrieben wurde, ist die Politik, 'auf dem Berg sitzend dem Kampf der Tiger zuzuschauen', es ist die reinste imperialistische Politik des eigenen Vorteils auf fremde Kosten."** Und auch Stalin wies damals darauf hin: *„In der Politik der Nichteinmischung macht sich das Bestreben, der Wunsch geltend, die Aggressoren bei der Ausführung ihres dunklen Werkes nicht zu hindern, zum Beispiel Japan nicht zu hindern, sich in einen Krieg gegen China, noch besser aber gegen die Sowjetunion einzulassen, zum Beispiel Deutschland nicht zu hindern, sich in die europäischen Angelegenheiten zu verstricken, sich in einen Krieg gegen die Sowjetunion einzulassen, alle Kriegsteilnehmer tief in den Morast des Krieges verstricken zu lassen, sie im stillen dazu anzuspornen, dazu zu bringen, daß sie einander schwächen und erschöpfen, dann aber, wenn sie genügend geschwächt sind, mit frischen Kräften auf dem Schauplatz zu erscheinen und, natürlich, 'im Interesse des Friedens' aufzutreten, um*

---

* Mao Tsetung, „Gespräch mit einem Korrespondenten der Zeitung Hsinhua Jibao über die neue internationale Lage". Ausgewählte Werke, Bd. II, S. 304f.

*den geschwächten Kriegsteilnehmern die Bedingungen zu diktieren."**

Aber der Lauf der Geschichte richtete sich nicht nach den Wunschvorstellungen von Chamberlain und seinesgleichen. Ob nun Hitler oder Chamberlain, beide wurden von den Völkern auf den Misthaufen der Geschichte gekehrt. Und auch das Komplott von München wurde sehr schnell von dem unaufhaltsam rollenden Rad der Geschichte zermalmt.

„München" gehört zwar schon der Vergangenheit an, aber wir dürfen seine Lehren nicht vergessen.

1. München lehrt uns, daß Imperialismus Krieg ist. Das reaktionäre Wesen der imperialistischen Aggression und Expansion kann nicht verändert werden. Die Widersprüche zwischen den imperialistischen Ländern, besonders ihr Kampf um Vorherrschaft können nicht entschärft werden, die Rivalität zwischen ihnen ist absolut und muß notwendigerweise zum Krieg führen. Stalin wies darauf hin: *„Dieser wütende Kampf zwischen den verschiedenen Kapitalistengruppen ist deshalb bedeutsam, weil er als unausbleibliches Element imperialistische Kriege in sich schließt, Kriege zur Eroberung fremder Gebiete."***

2. München zeigt uns, daß der Imperialismus hinterlistig und verschlagen ist und sich immer einer Doppeltaktik bedient. Oft versucht er mit falschem Friedensgerede Aggression zu verschleiern. Stalins Aussage trifft genau zu: *„Der imperialistische Pazifismus ist ein Instrument der Kriegsvorbereitung, er dient zur Bemäntelung dieser Vorbereitung mittels pharisäischer Friedensphrasen."**** Nicht nur Hitler mußte immer wieder von Frieden reden, als er eine offen faschistische Aggressions- und Kriegspolitik betrieb. Auch die Beschwichtigungspolitik von Chamberlain und seinesgleichen zeigte sich nach außen im Gewande der „Nichteinmischung", der „Vermeidung von Konflikten" und der „Rettung des Friedens", ihrem Wesen nach aber war sie eine

---

* Stalin, „Fragen des Leninismus", a. a. O., S. 687 f.
** Stalin, „Über die Grundlagen des Leninismus", Peking 1965, S. 5
*** Stalin, „Über die Ergebnisse des Juliplenums des ZK der KPdSU(B)", Werke, Bd. 11, S. 178

Politik der „*Duldung des Krieges, der Schürung des Krieges, der Erweiterung des Krieges*".* Hitlers Strategie „Scheinmanöver im Osten, Angriff im Westen" und Chamberlains Versuch, „das Unheil nach Osten zu lenken", zeigen, daß der Imperialismus sowohl reaktionär als auch heimtückisch ist.

3. Chamberlains Ende und der Bankrott seiner Beschwichtigungspolitik veranschaulichen eine Wahrheit: es ist die Gesetzmäßigkeit der Entwicklung einer jeden reaktionären Politik, daß man mit der Absicht beginnt, anderen zu schaden, und mit dem Ergebnis endet, daß man sich selbst schadet. Wer immer eine solche Politik verfolgt, wird sich nicht über diese Gesetzmäßigkeit hinwegsetzen können. Was für einen schönen Plan hatte sich doch Chamberlain damals ausgedacht! Er wollte andere Länder opfern und Deutschland Zugeständnisse machen, um die Widersprüche zwischen England und Deutschland zu entschärfen und sich selbst zu schützen; er wollte das Unheil nach Osten lenken und sich auf Kosten anderer Vorteile verschaffen. Aber es kam ganz anders, als er erwartete hatte: der Stein, den er erhoben hatte, fiel auf seine eigenen Füße.

4. Die Geschichte von München macht deutlich, daß mittlere und kleine Staaten ihr Schicksal selbst in die Hand nehmen müssen und auf keinen Fall ihre Hoffnungen auf die Garantien der Großmächte setzen dürfen. Im Kampf um die Erringung der Vorherrschaft unterzeichnen Großmächte manchmal mit mittleren und kleinen Staaten irgendwelche Verträge und geben „Garantien". Sie geben vor, die „Last der Unterstützung zu tragen" und ihr Gelübde „nie zu brechen". In Wirklichkeit aber sind sie völlig unberechenbar; wenn es ihnen paßt, brechen sie ihr Wort und verkaufen diese Länder. Lenin wies darauf hin, „*was Verträge und was Gesetze wert sind angesichts entbrannter internationaler Konflikte — sie sind nichts als ein Fetzen Papier*".**

Nur wenn sich die mittleren und kleinen Staaten zusammenschließen, sich auf das Volk stützen und es wagen zu

---

* Mao Tsetung, „Die Interessen der Sowjetunion fallen mit den Interessen der gesamten Menschheit zusammen", Ausgewählte Werke, Bd. II, S. 320
** Lenin, „Bericht über die Außenpolitik", Werke, Bd. 27, S. 361

kämpfen, können sie die Aggressionen und Komplotte des Imperialismus zum Scheitern bringen und dem imperialistischen Aggressionskrieg eine Niederlage bereiten. Der Imperialismus ist ein Papiertiger, und auch Hitler war ein Papiertiger. Hitler konnte zwar vor und nach München und während des II. Weltkrieges eine Zeitlang sein Unwesen treiben, aber schließlich verbrannte er doch im Feuer des Kampfes der Völker der Welt. Es ist das Volk, das den Gang der Geschichte bestimmt und nicht ein oder zwei Supermächte. Das Volk ist der Herr der Geschichte.

Die heutige internationale Lage ist ausgezeichnet. Große Unordnung herrscht auf der Welt. Die grundlegenden Widersprüche in der Welt verschärfen sich immer mehr. Während die Faktoren der Revolution weiter anwachsen, wachsen auch die Faktoren des Krieges merklich an. Der antiimperialistische, antikolonialistische und antihegemonistische Kampf der Völker der ganzen Welt, insbesondere der Völker der Dritten Welt entwickelt sich mit unwiderstehlicher Kraft und großem Erfolg. Der Kampf der beiden Supermächte um die Weltherrschaft wird immer heftiger, und die Gefahr eines neuen Weltkrieges wird immer bedrohlicher. Die sowjetischen Sozialimperialisten gehen den Weg der Aggression und Expansion wie damals das faschistische Deutschland. 30 Jahre nach der Münchener Konferenz ließ Breschnew wieder Panzer durch die Straßen von Prag rollen und besetzte über Nacht die Tschechoslowakei. Die tschechoslowakischen Volksmassen waren über dieses räuberische Vorgehen der Sowjetrevisionisten äußerst empört, sie verglichen es mit der faschistischen Aggression Hitlers; und für das Jahr 1968 schrieben sie 1938. Das wahre Gesicht des sowjetischen Sozialimperialismus wurde erstmals deutlich sichtbar.

„Sieh, die Welt wird umgewälzt!" [11]

Die Welt von heute ist nicht mehr die Welt vor dem II. Weltkrieg. Staaten wollen Unabhängigkeit, Nationen wollen Befreiung und Völker wollen Revolution — das ist bereits zu einer unwiderstehlichen Strömung der Geschichte geworden. Die Staaten und Völker der Dritten Welt, die Hauptkraft im Kampf gegen Imperialismus, Kolonialismus und Hegemonismus, schreiten im vereinten Kampf siegreich voran und zeigen ihre ständig zunehmende Kraft. Es läßt sich mit Sicherheit sagen, daß Breschnew, der heute den Weg der Weltherrschaft geht wie vor ihm Hitler, kein gutes Ende finden wird!

ANMERKUNGEN DES ÜBERSETZERS

1) Schultheß' Europäischer Geschichtskalender 1938, München 1939, S. 329
2) a. a. O., S. 330
3) a. a. O., S. 325
4) a. a. O.,
5) a. a. O., S. 323 f.
,6) ADAP, a. a. O., S. 350
7) Feiling, a. a. O., S. 413
8) Winston Churchill, „Der zweite Weltkrieg", Bd. I/1, S. 425
9) Feiling, a. a. O., S. 408
10) Sumner Welles, „Jetzt oder nie!", Stockholm 1944, S. 294 f.
11) Mao Tsetung, Gedicht, „Gespräch zweier Vögel — zur Melodie Niän Nu Djao. Herbst 1965", Beilage zu „China im Bild", Nr. 2/1976

DOKUMENTENANHANG

I. Die Zusätze zum Münchener Abkommen

ZUSATZ ZU DEM ABKOMMEN

Seiner Majestät Regierung im Vereinigten Königreich und die französische Regierung haben sich dem vorstehenden Abkommen angeschlossen auf der Grundlage, daß sie zu dem Angebot stehen, welches im Paragraph 6 der englisch-französischen Vorschläge vom 19. September enthalten ist, betreffend eine internationale Garantie der neuen Grenzen des tschechoslowakischen Staates gegen einen unprovozierten Angriff.

Sobald die Frage der polnischen und ungarischen Minderheiten in der Tschechoslowakei geregelt ist, werden Deutschland und Italien ihrerseits der Tschechoslowakei eine Garantie geben.

München, den 29. September 1938

ZUSÄTZLICHE ERKLÄRUNG

Die vier anwesenden Regierungschefs sind darüber einig, daß der in dem heutigen Abkommen vorgesehene Ausschuß sich aus dem Staatssekretär des Auswärtigen Amts, den in Berlin beglaubigten Botschaftern Englands, Frankreichs und Italiens und einem von der tschechoslowakischen Regierung zu ernennenden Mitglied zusammensetzt.

München, den 29. September 1938.

ZUSATZERKLÄRUNG

Alle Fragen, die sich aus der Gebietsübergabe ergeben, gelten als zur Zuständigkeit des internationalen Ausschusses gehörig.

München, den 29. September 1938.

ZUSÄTZLICHE ERKLÄRUNG

Die Regierungschefs der vier Mächte erklären, daß das Problem der polnischen und ungarischen Minderheiten in der Tschechoslowakei, sofern es nicht innerhalb von drei Monaten durch eine Vereinbarung unter den betreffenden Regierungen geregelt wird, den Gegenstand einer weiteren Zusammenkunft der hier anwesenden Regierungschefs der vier Mächte bilden wird.

München, 29. September 1938.

Dokumente und Materialien aus der Vorgeschichte des Zweiten Weltkrieges, a. a. O., S. 268 ff.

II. *Weisung des Reichskriegsministers Generalfeldmarschall von Blomberg für die einheitliche Kriegsvorbereitung der deutschen Wehrmacht*

Berlin, den 24. Juni 1937
Der Oberbefehlshaber der Wehrmacht
Nr. 55/37 g.K. Chefsache LIA

Geheime Kommandosache. Von Offizier geschrieben!
(gültig vom 1.7.1937 bis voraussichtlich 30.9.1938)
...

Teil 1.
Allgemeine Richtlinien

1. Die allgemeine politische Lage berechtigt zu der Vermutung, daß Deutschland mit keinem Angriff von irgend einer Seite zu rechnen hat. Hierfür sprechen in erster Linie neben dem fehlenden Kriegswillen bei fast allen Völkern, insbesondere bei den Westmächten, auch die mangelnde Kriegsbereitschaft einer Reihe von Staaten, vornehmlich Rußlands.

Ebensowenig besteht von Seiten Deutschlands die Absicht, einen europäischen Krieg zu entfesseln.

Trotzdem erfordert die politisch labile und überraschende Zwischenfälle nicht ausschließende Weltlage eine stete Kriegsbereitschaft der deutschen Wehrmacht

a) um Angriffen jederzeit entgegentreten
b) und um etwa sich ergebende politisch günstige Gelegenheiten militärisch ausnutzen zu können.

Dem müssen die Vorbereitungen der Wehrmacht für einen etwaigen Krieg im Mob[ilmachungs]-Abschnitt 1937/38 Rechnung tragen. Sie sind deshalb auf verschiedene Möglichkeiten einzustellen und werden im Folgenden unterteilt nach:

a) Vorbereitungen allgemeiner Art (s. Ziffer 2).
b) Bearbeitung von Kriegsfällen, die ihrer Wahrscheinlichkeit nach an erster Stelle stehen, in Form von Aufmärschen auch unter Beteiligung nachgeordneter Dienststellen (s. Ziffer 3).
c) Sondervorbereitungen in Form von Studien und Überlegungen, jedoch im Allgemeinen nur innerhalb der Oberkommandos (Sonder-Vorbereitungen s. Ziffer 4).

2. Die Vorbereitungen allgemeiner Art erstrecken sich auf:
a) Die ständige Mob[ilmachungs]-Bereitschaft der deutschen Wehrmacht, auch bevor die Aufrüstung abgeschlossen und die völlige Kriegsbereitschaft hergestellt ist.
b) Die weitere Durcharbeitung der „Mobilmachung ohne öffentliche Verkündigung", um die Wehrmacht in die Lage zu versetzen, einen Krieg überfallartig nach Stärke und Zeitpunkt überraschend beginnen zu können.
c) Die Bearbeitung des Abtransports der Masse der aktiven Heereskräfte aus Ostpreußen nach dem Reich.
d) Die vorbereitenden Maßnahmen, falls deutsches Hoheitsgebiet plötzlich überraschend und in feindlicher Absicht durch

eine fremde Macht verletzt wird.
Dann wird ohne besonderen Befehl mit Waffengewalt Widerstand geleistet.
...
3. Zu den wahrscheinlichen Kriegsfällen, die aufmarschmäßig bearbeitet werden, gehören:
I. Zweifrontenkrieg mit Schwerpunkt West (Aufmarsch „Rot").
II. Zweifrontenkrieg mit Schwerpunkt Südost (Aufmarsch „Grün").
4. Sondervorbereitungen sind für folgende Fälle zu treffen:
I. Bewaffnete Intervention gegen Österreich (Sonderfall Otto).
II. Kriegerische Verwicklungen mit Rotspanien (Sonderfall Richard).
III. England, Polen, Litauen beteiligen sich an einem Kriege gegen uns (Sonderfall „Erweiterung Rot/Grün"):
Bei der Bearbeitung bzw. bei den Überlegungen dieser Sondervorbereitungen ist Folgendes zu berücksichtigen:
Wenn wir auch bei der augenglicklichen Lage aller Voraussicht nach mit einem oder mehreren Verbündeten bei einzelnen Sonderfällen rechnen können, so ist doch grundsätzlich bei den Bearbeitungen und Überlegungen davon auszugehen, daß wir zunächst allein stehen.
5. Die vorliegende Weisung bezieht sich nur auf die einheitliche Vorbereitung zu einem Kriege und auf die allgemein strategischen Gesichtspunkte, die für eine Kriegseröffnung zu gelten haben.
...

Teil 2.
II. Zweifrontenkrieg mit Schwerpunkt Südost (Aufmarsch „Grün").
1. Voraussetzungen.
Um den bevorstehenden Angriff einer überlegenen feindlichen Koalition abzuwehren, kann der Krieg im Osten mit einer überraschenden deutschen Operation gegen die Tschechoslowakei beginnen. Die politischen und völkerrechtlichen Voraussetzungen für ein derartiges Handeln müssen vorher geschaffen sein.
Es steht zu erwarten, daß Polen und Litauen sich voraussichtlich neutral oder wenigstens abwartend, Österreich, Italien und Jugoslawien sich mindestens wohlwollend neutral verhalten. Ungarn wird sich vielleicht früher oder später dem Vorgehen Deutschlands gegen die Tschechoslowakei anschließen. Frankreich und Rußland werden wahrscheinlich die Feindseligkeiten gegen Deutschland eröffnen, Rußland zunächst nur mit See- und Luftstreitkräften. Die Neutralität Englands, die als eine unumgängliche notwendige Voraussetzung für den Fall „Grün" anzusehen ist, sowie die aller übrigen nicht genannten

und zu einer militärischen Kriegführung gegen Deutschland befähigten Staaten wird die Führung der deutschen Politik mit allen Mitteln anstreben.

2. Aufgabe der deutschen Wehrmacht ist es, ihre Vorbereitungen so zu treffen, daß die Masse aller Kräfte schnell, überraschend und mit stärkster Wucht in die Tschechoslowakei einbrechen kann und daß im Westen nur ein Mindestmaß von Kräften als Rückendeckung für diese Angriffsoperation vorgesehen wird.

Zweck und Ziel dieses Überfalls durch die deutsche Wehrmacht soll sein, durch Zerschlagen der feind[lichen] Wehrmacht und Besetzen von Böhmen und Mähren die Rückendeckung durch die Tschechoslowakei für den Kampf im Westen auf die Dauer des Krieges von vornherein auszuschalten und der russischen Luftwaffe den wesentlichen Teil ihrer Operationsbasis in der Tschechoslowakei zu entziehen . . .

Michaelis, Schraepler, a. a. O., Bd. 12, S. 52 ff.

III. *Lord Halifax in der Unterredung mit Hitler am 19. November 1937*

. . . Man erkenne die großen Verdienste, die sich der Führer um den Wiederaufbau Deutschlands erworben habe, voll und ganz an, und wenn die englische öffentliche Meinung zu gewissen deutschen Problemen gelegentlich eine kritische Stellung einnehme, so liege dies zum Teil daran, daß man in England nicht vollständig über die Beweggründe und Umstände gewisser deutscher Maßnahmen unterrichet sei. So verfolge die englische Kirche die Entwicklung der Kirchenfrage in Deutschland voller Besorgnis und Unruhe. Ebenso ständen die Kreise der Arbeiterpartei gewissen Dingen in Deutschland kritisch gegenüber.

Trotz dieser Schwierigkeiten wäre er (Lord Halifax) und andere Mitglieder der Englischen Regierung davon durchdrungen, daß der Führer nicht nur in Deutschland selbst Großes geleistet habe, sondern daß er auch durch die Vernichtung des Kommunismus im eigenen Lande diesem den Weg nach Westeuropa versperrt habe und daß daher mit Recht Deutschland als Bollwerk des Westens gegen den Bolschewismus angesehen werden könne. Der englische Premierminister sei der Ansicht, daß es durchaus möglich sei, durch offenen Meinungsaustausch Lösungen zu finden. Die Lösung selbst schwieriger Probleme könne durch gegenseitiges Vertrauen erleichtert werden. Wenn es Deutschland und England gelungen sei, zu einer Verständigung zu gelangen oder einer solchen auch nur näherzukommen, wäre es nach englischer Ansicht notwendig, diejenigen Länder, die Deutschland und England politisch nahestanden, an der Debatte zu beteiligen. Man

denke dabei an Italien und Frankreich, denen von Anfang an klargemacht werden müsse, daß es sich bei dem deutsch-englischen Zusammengehen in keiner Weise um Italien- oder Frankreich-feindliche Machenschaften handeln könne. Es dürfe nicht der Eindruck entstehen, daß die Achse Berlin-Rom oder das gute Verhältnis London-Paris durch eine deutsch-englische Einigung in Mitleidenschaft gezogen würde. Nachdem durch eine deutsch-englische Einigung der Boden vorbereitet sei, müßten die 4 großen westeuropäischen Mächte gemeinsam die Grundlage schaffen, auf der ein dauernder europäischer Friede errichtet werden könne. Auf keinen Fall dürfe eine der vier Mächte aus dieser Zusammenarbeit herausgelassen werden, da in diesem Fall der bestehende Zustand der Unsicherheit kein Ende finden könne.
. . .

Lord Halifax stimmte mit dem Führer darin überein, daß rein formelle Beziehungen wenig Wert hätten und daß eine Einigung weitgehender Art nur erzielt werden könne, wenn man allerseits auf demselben Boden stünde und zu einer Gedankeneinheit gelangt wäre. Er sei auch seinerseits überzeugt, daß etwas Dauerhaftes nur auf einer realen Grundlage erreicht werden könne, selbst wenn die Realitäten, um die es sich handle, für diesen oder jenen Partner unangenehm wären. Er betone, daß in England jeder Deutschland als ein großes und souveränes Land achte und auch nur auf dieser Grundlage mit ihm verhandelt werden solle. Die Engländer seien ein Volk der Realitäten und seien vielleicht mehr als andere davon überzeugt, daß die Fehler des Versailler Diktats richtig gestellt werden müßten. England habe ja auch in der Vergangenheit stets seinen Einfluß in diesem realistischen Sinne geltend gemacht. Er weise auf Englands Rolle bei der vorzeitigen Rheinlandräumung, bei der Lösung der Reparationsfrage, ebenso wie bei der Wiederbesetzung des Rheinlandes hin. Man müsse versuchen, dieselbe Sprache zu sprechen, und dabei vermeiden, sich über große Entfernungen mit lauter Stimme zu unterhalten, weil dies doch nur zu Mißverständnissen führe und die Lösung der Probleme nicht leichter mache.

Englischerseits glaube man nicht, daß der status quo unter allen Umständen aufrecht erhalten werden müsse. Man erkenne an, daß eine Anpassung an neue Verhältnisse, Korrektur früherer Fehler und notwendig gewordene Änderung bestehender Zustände ins Auge gefaßt werden müßte. England mache dabei nur seinen Einfluß in der Richtung geltend, daß diese Änderungen nicht auf eine Weise erfolgen, die der vom Führer vorhin erwähnten unvernünftigen Lösung, dem Spiel der freien Kräfte, das letzten Endes Krieg bedeutete, entspräche. Er müsse nochmals im Namen der Englischen Regierung betonen, daß keine Änderungsmöglichkeit des bestehenden Zustandes ausgeschlossen sein solle, daß aber Änderungen nur auf Grund einer vernünftigen Regelung erfolgen dürften. Wenn man sich beiderseitig darüber einig sei, daß die Welt nicht statisch wäre, so müsse man versuchen, dieser Erkenntnis auf Grund gemeinsamer Ideale in der Weise gerecht zu werden, daß die vorhandenen Energien in gegenseitigem Vertrauen auf ein gemeinsames Ziel gerichtet würden.

Dokumente und Materialien aus der Vorgeschichte des Zweiten Weltkrieges, a. a. O., Bd. 1, S. 17 ff.

IV. *Aus der Rede des Führers der Sudetendeutschen Partei, Konrad Henlein, auf der Haupttagung der Sudetendeutschen Partei zu Karlsbad, 24. April 1938*

Als unterdrückt werden wir Deutschen uns so lange fühlen, solange wir nicht das gleiche tun dürfen wie die Tschechen. Alles, was den Tschechen erlaubt ist, muß auch uns erlaubt sein. Mit einem Wort: Wir wollen nur als Freie unter Freien leben.

Wenn es zu einer friedlichen Entwicklung im tschechoslowakischen Staate kommen soll, dann ist neben der dreifachen Revision — der Revision des Geschichtsmythos, der Revision der Auffassung vom Bollwerk gegen das Deutschtum und der Revision der außenpolitischen Stellung — folgende Staats- und Rechtsordnung zu schaffen:

1. Herstellung der vollen Gleichberechtigung und Gleichrangigkeit der deutschen Volksgruppe mit dem tschechischen Volke im Staate.

2. Anerkennung der sudetendeutschen Volksgruppe als Rechtspersönlichkeit zur Wahrung dieser gleichberechtigten Stellung im Staate.

3. Feststellung und Anerkennung des deutschen Siedlungsgebietes.

4. Aufbau einer deutschen Selbstverwaltung im deutschen Siedlungsgebiet in allen Bereichen des öffentlichen Lebens, soweit es sich um Interessen und Angelegenheiten der deutschen Volksgruppe handelt.

5. Schaffung gesetzlicher Schutzbestimmungen für jene Staatsangehörigen, die außerhalb des geschlossenen Siedlungsgebietes ihres Volkstums leben.

6. Beseitigung des dem Sudetendeutschtum seit 1918 zugefügten Unrechts und Wiedergutmachung der ihm durch dieses Unrecht entstandenen Schäden.

7. Anerkennung und Durchführung des Grundsatzes: Im deutschen Gebiet deutsche öffentliche Angestellte.

8. Volle Freiheit des Bekenntnisses zum deutschen Volkstum und zur deutschen Weltanschauung.

Ich hätte das Recht, im Hinblick auf die letzte inner- und außenpolitische Entwicklung und der damit verbundenen

Wert- und Kraftsteigerung des Sudetendeutschtums unsere Ansprüche weiter zu fassen.

Wenn ich das nicht tue, so deshalb, um vor der ganzen Welt den Beweis zu erbringen, daß das Sudetendeutschtum trotz aller bitteren Erfahrungen bereit und willens ist, durch Beschränkung seiner Ansprüche einen aufrichtigen und ernsten Beitrag zur Erhaltung und Festigung des Friedens zu leisten.

...

Ungeachtet der Staatsgrenzen konnte und wollte sich auch das Sudetendeutschtum als Teil des deutschen Volkes, mit dem es in unlösbarer Verbundenheit immer war und bleibt, nicht einer Weltanschauung entziehen, zu der sich heute alle Deutschen der Welt mit Freude bekennen.

...

So, wie das Deutschtum der ganzen Welt bekennen auch wir uns zu den nationalsozialistischen Grundauffassungen des Lebens, die unser ganzes Fühlen und Denken erfüllen und nach denen wir das Leben unserer Volksgruppe im Rahmen der Gesetze gestalten wollen.

Es ist für uns unerträglich — und das muß ich mit aller Offenheit und Entschiedenheit aussprechen —, daß etwa weiterhin unter dem Deckmantel ausgeklügelter juristischer Konstruktionen Verfolgungen stattfinden, die in Wahrheit nicht gegen strafbare Tatbestände, sondern nur gegen jene Gesinnung gerichtet sind, die heute als die schlechthin deutsche bezeichnet werden muß.

Michaelis, Schraepler, a. a. O., Bd. 12, S. 115 ff.

V. *Weisung des Obersten Befehlshabers der Wehrmacht an die Oberbefehlshaber des Heeres, der Kriegsmarine und der Luftwaffe zur Vorbereitung des Angriffs auf die Tschechoslowakei*

Berlin, den 30. Mai 1938
OKW Nr. 42/38 g. Kdos. Chefsache L I A.

II. Zweifrontenkrieg mit Schwerpunkt Südost (Aufmarsch „Grün").

1. Politische Voraussetzungen.

Es ist mein unabänderlicher Entschluß, die Tschechoslowakei in absehbarer Zeit durch eine militärische Aktion zu zerschlagen. Den politisch und militärisch geeigneten Zeitpunkt abzuwarten oder herbeizuführen ist Sache der politischen Führung.

Eine unabwendbare Entwicklung der Zustände innerhalb der Tschechoslowakei oder sonstige politische Ereignisse in Europa, die eine überraschend günstige, vielleicht nie wiederkehrende Gelegenheit schaffen, können mich zu frühzeitigem Handeln veranlassen.

Die richtige Wahl und entschlossene Ausnutzung eines günstigen Augenblicks ist die sicherste Gewähr für den Erfolg. Dementsprechend sind die Vorbereitungen unverzüglich zu treffen.

2. Politische Möglichkeiten für den Beginn der Aktion.

Als Voraussetzung für den beabsichtigten Überfall sind notwendig
 a) ein geeigneter äußerer Anlaß und damit
 b) eine genügende politische Rechtfertigung,
 c) ein für den Gegner unerwartetes Handeln, das ihn in einem möglichst geringen Bereitschaftsgrad trifft.

Militärisch und politisch am günstigsten ist blitzschnelles Handeln auf Grund eines Zwischenfalls, durch den Deutschland in unerträglicher Weise provoziert wurde und der wenigstens einem Teil der Weltöffentlichkeit gegenüber die moralische Berechtigung zu militärischen Maßnahmen gibt.

Aber auch eine etwa dem Krieg vorausgehende Zeit diplomatischer Spannungen muß durch plötzliches, dem Zeitpunkt und Umfang nach überraschendes Handeln unsererseits ihren Abschluß finden, bevor der Gegner sich einen nicht mehr einzuholenden Vorsprung in der militärischen Bereitschaft sichert.

3. Folgerung für die Vorbereitung des Falles „Grün".

a) Für den Waffenkrieg kommt es darauf an, das Moment der Überraschung als wichtigsten Faktor des Sieges durch entsprechende Bereitschaftsmaßnahmen schon im Frieden und durch einen unerwartet schnellen Ablauf der Aktion in höchstem Maße auszunutzen.

Dadurch muß schon in den ersten zwei bis drei Tagen eine Lage geschaffen werden, die interventionslustigen Staaten die Aussichtslosigkeit der tschechischen militärischen Lage vor Augen führt, sowie den Staaten, die territoriale Ansprüche an die Tschechoslowakei haben, einen Anreiz zum sofortigen Eingreifen gegen die Tschechoslowakei gibt. In diesem Fall ist mit dem Eingreifen Ungarns und Polens zu rechnen, insbesondere dann, wenn durch die eindeutige Haltung Italiens an unserer Seite Frankreich sich scheut, zum mindesten aber zögert, durch sein Eingreifen gegen Deutschland einen europäischen Krieg zu entfesseln. Versuche Rußlands, die Tschechoslowakei vornehmlich militärisch durch die Luftwaffe zu unterstützen, sind aller Voraussicht nach zu erwarten.

Werden in den ersten Tagen greifbare Erfolge durch die Erdoperationen nicht erzielt, so tritt mit Sicherheit eine europäische Krise ein. Diese Erkenntnis muß den Führern aller Grade den Impuls zu entschlossenem und kühnem Handeln geben.

b) Der Propagandakrieg muß einerseits die Tschechei durch Drohungen einschüchtern und ihre Widerstandskraft zermürben, anderseits den nationalen Volksgruppen Anweisung zur Unterstützung des Waffenkrieges geben und die Neutralen

in unserem Sinne beeinflussen. Nähere Anweisungen und die
Bestimmung des Zeitpunktes behalte ich mir vor.

...

Adolf Hitler

Für die Richtigkeit der Abschrift: Zeitzler, Oberstleutnant des
Generalstabs.

Michaelis, Schraepler, a. a. O., Bd. 12, S. 191 f.

VI. *Anwort der tschechoslowakischen Regierung auf die englisch-
französischen Vorschläge*

Die Tschechoslowakische Regierung dankt der Britischen
und Französischen Regierung für den ihr übermittelten Bericht, in welchem sie ihren Standpunkt zur Lösung der gegenwärtigen, die Tschechoslowakei betreffenden internationalen
Schwierigkeiten darlegen. Im Bewußtsein der Verantwortung,
die sie sowohl im Interesse der Tschechoslowakei, ihrer Freunde und Verbündeten als auch im Interesse des allgemeinen
Friedens tragen, gibt sie ihrer Überzeugung Ausdruck, daß die
in dem Bericht enthaltenen Vorschläge nicht dazu angetan
sind, das Ziel zu erreichen, das die Britische und Französische
Regierung in ihren großen Bemühungen zur Erhaltung des Friedens anstreben.

Diese Vorschläge wurden ohne Befragung der tschechoslowakischen Vertreter formuliert. Sie richten sich gegen die
Tschechoslowakei, die nicht einmal angehört wurde, obwohl
die Tschechoslowakische Regierung darauf hingewiesen hat,
daß sie für eine Erklärung, die ohne ihre Zustimmung gegeben
wird, keine Verantwortung übernehmen könne. Es ist daher
verständlich, daß die erwähnten Vorschläge nicht derart sein
können, wie sie für die Tschechoslowakei annehmbar wären.

Laut Verfassung kann die Tschechoslowakische Regierung
keinen Beschluß fassen, der eine Grenzänderung bedeutet.
Solch ein Beschluß wäre unmöglich, ohne das demokratische
Regime und die Rechtsordnung des Tschechoslowakischen
Staats zu verletzen. Auf jeden Fall müßte das Parlament befragt werden.

Nach Ansicht der Regierung würde die Annahme eines
solchen Vorschlags gleichbedeutend sein mit einer freiwilligen
und völligen Verstümmelung des Staates in jeder Hinsicht.
Wirtschaft und Verkehr würden in der Tschechoslowakei völlig
gelähmt werden, und in strategischer Hinsicht würde sie in eine
außerordentlich schwierige Lage versetzt. Früher oder später
würde sie ganz unter die Herrschaft Deutschlands geraten.

Selbst wenn die Tschechoslowakei die geforderten Opfer
bringen würde, wäre die Frage der Sicherung des Friedens
keineswegs gelöst:

a) Viele Sudetendeutsche würden es aus wohlbekannten Gründen vorziehen, das Reich zu verlassen, um sich in der demokratischen Atmosphäre des Tschechoslowakischen Staates anzusiedeln. Daraus würden neue Schwierigkeiten und neue nationale Streitigkeiten erwachsen.

b) Eine Verstümmelung der Tschechoslowakei würde tiefgreifende politische Änderungen in ganz Mittel- und Südosteuropa zur Folge haben. Das Gleichgewicht der Kräfte in Mitteleuropa und in Europa überhaupt wäre zunichte gemacht; das würde weitgehende Folgen für alle anderen Staaten, besonders aber für Frankreich, nach sich ziehen.

c) Die Tschechoslowakische Regierung drückt den Großmächten ihren aufrichtigen Dank aus für die Absicht, die Integrität des Tschechoslowakei zu garantieren, die sie anerkennt und zu schätzen weiß. Eine solche Garantie würde tatsächlich einem Abkommen zwischen allen interessierten Mächten den Weg ebnen, vorausgesetzt, daß die gegenwärtigen nationalen Konflikte freundschaftlich beigelegt würden, ohne der Tschechoslowakei unannehmbare Opfer aufzuerlegen.
...

Die Tschechoslowakische Regierung ist sich dessen bewußt, daß die Britische und Französische Regierung sich in ihren Bestrebungen von aufrichtiger Sympathie leiten lassen, und sagt ihnen dafür ihren aufrichtigen Dank. Aber aus den angeführten Beweggründen heraus wendet sie sich trotzdem erneut an sie mit dem letzten Appell und der Bitte, ihren Standpunkt zu revidieren. Sie tut das in dem Glauben, daß sie nicht nur ihre eigenen Interessen verteidigt, sondern auch die Interessen ihrer Freunde, die Sache des Friedens und einer gesunden Entwicklung Europas. In dieser Entscheidungsstunde geht es nicht nur um das Schicksal der Tschechoslowakei, sondern auch um das Schicksal anderer Länder und insbesondere Frankreichs.

Prag, den 20. September 1938.

Dokumente und Materialien aus der Vorgeschichte des Zweiten Weltkrieges, a. a. O., Bd. 1, S. 198 ff.

VII. Note der Tschechoslowakischen Regierung an die Regierungen Großbritanniens und Frankreichs

Prag, den 21. September 1938
[Übersetzung aus dem Französischen]

Durch die Umstände gezwungen, dem äußersten Drängen nachgebend, zieht die tschechoslowakische Regierung die Konsequenzen aus der Mitteilung der französischen und englischen Regierung vom 21. September 1938, in der beide Regierungen ihren Standpunkt zur Hilfeleistung an die Tschechoslowakei für den Fall darlegten, daß sie die Annahme der französisch-britischen Vorschläge verweigern und dann von Deutschland angegriffen würde, und akzeptiert in dieser Lage mit schmerzlichen Gefühlen die französisch-englischen Vorschläge in der Annahme, daß beide Regierungen alles tun werden, um bei der Realisierung der erwähnten Vorschläge die Lebensinteressen des tschechoslowakischen Staates zu sichern. Sie stellt mit Bedauern fest, daß diese Vorschläge ohne vorherige Anfrage bei der tschechoslowakischen Regierung ausgearbeitet wurden.

Die tschechoslowakische Regierung akzeptiert unter tiefem Bedauern, daß ihr Vorschlag einer Arbitrage [Schiedsverfahren] nicht angenommen wurde, diese Vorschläge als ein unteilbares Ganzes, von dem der Grundsatz der Garantie, wie sie in der Note formuliert wurde, nicht getrennt werden kann. Sie nimmt diese Vorschläge ferner unter der Voraussetzung an, daß beide Regierungen einen deutschen Einmarsch in das tschechoslowakische Gebiet nicht dulden werden, und daß es bis zu dem Zeitpunkt tschechoslowakisch bleibt, an dem es möglich sein wird, nach Festlegen der neuen Grenze durch eine internationale Kommission, von der in den Vorschlägen die Rede ist, eine Gebietsübertragung durchzuführen.

Nach Meinung der tschechoslowakischen Regierung setzt der französisch-britische Vorschlag voraus, daß alle Einzelheiten einer praktischen Realisierung der französisch-britischen Vorschläge im Einvernehmen mit der tschechoslowakischen Regierung festgelegt werden.

Michaelis, Schraepler, a. a. O., Bd. 12, S. 363 f.

VIII. Presseanweisungen des Reichspropagandaministeriums vom 15./22./29./30. 9.1938

Pressekonferenz vom 15. September 1938
Die neuesten Zwischenfälle in der Tschechoslowakei, vor allem die militärischen Maßnahmen, sind vierspaltig aufzumachen und ganz scharf zu kommentieren unter dem Motto: Ein neuer 21. Mai? Der Chamberlain-Besuch steht erst an zweiter Stelle. — Ergänzend wird mitgeteilt: Der Chamberlain-Besuch ist eine Weltsensation und für den Führer die größte Genugtuung, die er in seiner politischen Laufbahn erlebt hat. Die Presse möge nicht überschwenglich werden, Chamberlain darf nicht als Friedensengel erscheinen, und es nicht so, als ob nun bereits alles geregelt wäre. Ohne die harte und intransigente Politik der letzten Monate wäre dieser Erfolg nicht erreicht worden. Der Enderfolg ist nicht gesichert, wenn wir diese Haltung zu früh aufgeben. Zum Ausdruck bringen, daß Chamberlains Entschluß weitherzig ist und dem Wunsch des Führers Rechnung trägt, von Mann zu Mann zu verhandeln. Vorschußlorbeeren nicht angebracht. — Man soll keine Zahlen von Toten nennen, da Nachprüfung unmöglich ist. Stimmung

der Tschechen ist stark gesunken. Fotos zum Tagesthema dringend erwünscht, vor allem Elendsbilder aus dem Sudetenland, Flüchtlingsbilder, politische Karikaturen auf Benesch. Bei geographischen und volkstumspolitischen Karten Vorsicht wegen der Konsequenzen.

Pressekonferenz vom 22. September 1938

Die Meldung über den Rücktritt der tschechischen Regierung und die Neubildung der Regierung unter General Syrovy ist als Spitzenmeldung zu bringen. Erst an zweiter Stelle stehen die Godesberger Besprechungen. Die Schlagzeile „Hakenkreuzfahnen über dem Sudetenland" ist ganz falsch, im Gegenteil, es ist noch keine Ruhe und kein Frieden eingetreten, überall haben sich neue Provokationen ereignet. Es darf keinesfalls der Eindruck entstehen, als sei alles in Ordnung, als hätten wir gesiegt und als passiere nichts mehr. Es passiert noch allerhand. Selbst in Eger sind die Verhältnisse noch nicht geklärt, das ganze Infanterieregiment Nr. 38 steht noch in seiner Kaserne und kann jederzeit eingreifen. — Es dürfen keinerlei Berichte gebracht werden, daß Freikorpsverbände die Grenze überschritten hätten, sondern nur, daß die Sudetendeutschen jenseits der Grenze nach Abzug des Militärs den Ordnungsdienst übernommen hätten. Jede Erwähnung des Freikorps jenseits der Grenze ist strengstens untersagt — auch für die Bildberichterstatter — Chamberlain muß eine gute Presse haben, er ist der verantwortungsbewußte Engländer, der den Versuch macht, Sünden der Vergangenheit wieder gut zu machen. —Es muß alles vermieden werden, was in diesem Augenblick die Engländer oder Franzosen kränken könnte, etwa Pressestimmen, wonach die beiden Nationen ihre Waffenehre verkauft hätten. Mit der Wiedergabe solcher Meldungen würden wir uns nur ins eigene Fleisch schneiden.

Pressekonferenz vom 29. September 1938

Gestern abend haben einige Hauptschriftleiter offenbar die Nerven verloren oder der Profit ging einigen Verlegern über das Vaterland. Trotz aller Anweisungen ist nämlich die Münchener Besprechung groß aufgemacht und auch in der Form von Extrablättern verkauft worden. Das Ausland schaut aber ganz genau auf jedes Stimmungsmoment. In den letzten vierzehn Tagen hat die deutsche Presse glänzend gearbeitet, so daß es jetzt nicht angeht, plötzlich anders aufzutreten. Eine Durchbrechung der Linie können wir uns keinesfalls gefallen lassen. — Heute nachmittag müssen groß aufgemacht werden die Meldungen aus der Tschechoslowakei, wonach die Tschechen anfangen, die Abstimmungsunterlagen zu vernichten oder beiseite zu schaffen. Die Antwort darauf kann nur sein, daß selbstverständlich in solchen Orten kein Tscheche abstimmungsberechtigt ist, wenn er nicht genaueste Unterlagen darüber vorbringt, daß er 1918 dort zuständig war. Groß aufzumachen sind ferner die Meldungen über neue Terrorakte, Vorbereitung der Sprengung von Talsperren usw. Erst als zweite Schlagzeile darf München aufgemacht werden. — Ferner besteht ein krasser Unterschied zwischen Politik und Wirtschaftsteil. Die Herren Wirtschaftsschriftleiter machen noch nach liberalen Gesichtspunkten Glossenberichte, die als Panikmache wirken. Amtlich muß ich daher mitteilen: Zeitungen, bei denen im Börsenbericht irgendwie in Defaitismus gemacht wird, werden beschlagnahmt und der verantwortliche Handelsredakteur wegen Landesverrats belangt. Man weiß, daß ein Teil von ihnen noch aus der liberalistischen Zeit stammt. Statt an Deutschland zu denken, denken diese Herren nur an Kursschwankungen.

30. September 1938

Kein Triumphgeschrei über das Münchener Ergebnis, um nicht andere Mächte zu verschnupfen. Auch nicht den Eindruck erwecken, als ob uns nun ein Stein vom Herzen falle. Die Aufmachung muß ausgehen von dem Friedenswerk des Führers, der den Sudetendeutschen ihr Recht verschafft und Europa von einer schweren Friedensbedrohung befreit hat. Das deutsche Volk, das in diesen Tagen einig und geschlossen hinter seinem Führer stand — das ist besonders zu betonen — dankt Adolf Hitler aus ganzem Herzen für seine große Tat und gelobt ihm in dieser Stunde erneut, ihm blind zu folgen, wohin er es auch führt. Es müssen freundliche Worte für die Staatsmänner der drei anderen Mächte gefunden werden, besonders herzliche Worte für Mussolini, Deutschlands treuesten Freund. Die Anerkennung für die Initiative der Staatsmänner des Westens soll aber nicht zu weit gehen, damit nicht die jeweilige Opposition ihres Landes mit Fingern auf sie zeigt und sagt, Chamberlain und Daladier hätten sich einwickeln lassen. Die Presse muß herzlichste Worte der Begrüßung für die Sudetendeutschen finden, die nun in das Reich kommen, wie auch das deutsche Volk mit ihnen gefühlt und gebangt und sich für ihre Befreiung eingesetzt hat. Daß die Befreiung auf friedlichem Wege gelungen ist, sei ein gutes Vorzeichen für die künftige friedliche Entwicklung ihres Landes. Ganz Deutschland werde bemüht sein, ihre wirtschaftliche Not zu heben und aus ihrem wirtschaftlich verödeten Land wieder einen blühenden Garten zu machen. Die tschechischen Gewalttätigkeiten, die wir bisher aus begreiflichen Gründen sehr groß aufmachen mußten, wollen wir jetzt etwas in den Hintergrund treten lassen. Was noch an Tatsachenmeldungen kommt, muß verzeichnet werden, aber nicht in großer Aufmachung.

Michaelis, Schraepler, a. a. O., Bd. 12, S. 396 ff.

INHALT

Vorbemerkung 5
Einleitung 7
I. „Hitler – das ist der Krieg" 9
II. Der Weg nach München 22
III. Chamberlains unermüdliche Beschwichtigungspolitik 35
IV. Die unersättliche Gier des Aggressors 46
V. Der große Betrug von München 57
VI. Der Stein, den sie erhoben haben, fällt auf ihre eigenen Füße 68
VII. Der Zusammenbruch des Komplotts von München 81
Dokumentenanhang 93

THEORIE UND PRAXIS DES MARXISMUS-LENINISMUS
Theoretisches Organ der Kommunistischen Partei Deutschlands (KPD)

Heft 1/2 77: DEMOKRATIE UND SOZIALISMUS

Inhalt: *Alexander von Plato,* Leninismus oder Revisionismus im Kampf um demokratische Rechte — *Eva Schleebach,* „Antimonopolistische Demokratie" und Staatsmacht. Eine Antwort an Gerns und Steigerwald (I) — *Friedrich Karl Möhner,* Die Verfassung der sozialfaschistischen Diktatur — *Erwin Steinhauer,* Zur Kritik von Santiago Carillos „Eurokommunismus und Staat" — *Christian Heinrich,* Soziale Befreiung oder „Selbstbefreiung". Zur Kritik des Verhältnisses von Demokratie und Sozialismus bei Oskar Negt — *Werner Heuler,* Zu Rudolf Bahros Buch „Die Alternative" — China 1976/77: Dossier „Über das Allgemeine Programm für alle Arbeiten der Partei und des Landes" — *Christian Semler,* Die „Viererbande" kritisieren heißt, den Marxismus, den Leninismus und die Maotsetungideen verteidigen.
205 Seiten

In der gleichen Reihe wie das vorliegende Buch erscheint:

Aufbruch einer Bewegung

Entwicklung und Perspektiven der westdeutschen Linken seit der Studentenrevolte 1967/68. Ein Gespräch mit Christian Semler, Jürgen Horlemann u.a.
ca. 176 Seiten, ISBN 3—8106—0056—3

Kurze Geschichte der internationalen kommunistischen Bewegung 1848—1917
Aus dem Chinesischen. 321 Seiten, ISBN 3—8106—0047—4

W. I. Lenin, Über die Große Sozialistische Oktoberrevolution
ca. 520 Seiten, ISBN 3—8106—0039—3

Mao Tsetung, Über die Kommunistische Partei
231 Seiten, ISBN 3—8106—0022—9

Verlag Rote Fahne, Kamekestraße 19, 5000 Köln 1, Tel. (0221) 52 89 59

Neuerscheinung

China im Aufbau
(Deutsche Ausgabe)

Seit Januar 1978 erscheint die Zweimonatsschrift „China im Aufbau".

„China im Aufbau" ist eine Illustrierte, in der über den Aufbau des Sozialismus in China berichtet wird. Sie bringt spezielle Artikel, Reportagen und Berichte über Politik, Wirtschaft, Erziehung, Gesundheitswesen, Wissenschaft, Literatur, Kunst, Frauen, Geschichte, Geographie etc. sowie über die Außenbeziehungen Chinas. Ferner enthält sie Rubriken für Kultur, Sport und Körperkultur, Briefmarken- und Kinderecke und einen fortlaufenden chinesischen Sprachkurs.

Abonnements über: Verlag Rote Fahne, Kamekestraße 19, 5000 Köln 1, Tel. (0221) 52 89 59

BÜCHER AUS CHINA

China Tames Her Deserts — A Photographic Report
93 Seiten (engl.)

Graphic Art by Workers
71 Reproduktionen (z.T. farbig) (engl.)

Der XI. Parteitag der Kommunistischen Partei Chinas
Dokumente
(u.a. Reden von Hua Guo-feng, Yä Djiän-ying und Deng Hsiao-ping), 263 Seiten

Die Theorie des Vorsitzenden Mao über die Dreiteilung der Welt ist ein bedeutender Beitrag zum Marxismus-Leninismus
Redaktioneller Artikel der „Renmin Ribao" vom 1. November 1977, 89 Seiten

Verlag für fremdsprachige Literatur, Peking.

Zu bestellen bei: Verlag Rote Fahne, Kamekestraße 19, 5000 Köln 1, Tel. (0221) 52 89 59

Proletarier aller Länder, unterdrückte Völker und Nationen, vereinigt Euch!

ROTE FAHNE
Zentralorgan der Kommunistischen Partei Deutschlands (KPD)

WOCHENZEITUNG

Die ROTE FAHNE ist das Zentralorgan der Kommunistischen Partei Deutschlands (KPD). Sie ist eine marxistisch-leninistische Wochenzeitung für ganz Deutschland.

Sie ist das Sprachrohr des Kampfes gegen wachsende Kriegsgefahr, gegen die Fremdherrschaft und faschistische Unterdrückung in der DDR, gegen die politische Entrechtung und faschistische Gefahr in der BRD und Westberlin und für die demokratischen Rechte in beiden deutschen Staaten. Die ROTE FAHNE tritt ein für die sozialen und wirtschaftlichen Rechte, für das Selbstbestimmungsrecht des deutschen Volkes und für die Einheit Deutschlands. In ihrer Propaganda für das unabhängige, vereinte und sozialistische Deutschland richtet die ROTE FAHNE den Hauptschlag gegen den sowjetischen Sozialimperialismus, den Hauptfeind des deutschen Volkes.

Die ROTE FAHNE kämpft unermüdlich für den antihegemonistisch-demokratischen Zusammenschluß der Volksmassen unter Führung der Arbeiterklasse.

Die ROTE FAHNE setzt sich ein für die proletarische Einheitsfront und für die Aktionseinheit aller Demokraten, Antifaschisten und Kommunisten!

Diesen Kampf führt die ROTE FAHNE in der grundsätzlichen Abrechnung mit dem modernen Revisionismus, insbesondere mit den moskauhörigen SED/SEW/DKP-Führungen. Die ROTE FAHNE steht auf der Grundlage des Marxismus, des Leninismus und der Maotsetungideen.

Druck, Vertrieb und Verkauf der ROTEN FAHNE müssen in einem ständigen Kampf gegen Willkürmaßnahmen von Polizei und Justiz durchgesetzt werden. Deshalb unterstützt die ROTE FAHNE! Abonniert die ROTE FAHNE!

Abonnementspreise:

1 Jahr	DM 36,40	Förderabonnement	DM 60,–
1/2 Jahr	DM 18,20	Förderabonnement	DM 30,–
1 Jahr (Ausland)	DM 44,20		

Verlag Rote Fahne, Kamekestraße 19, 5 Köln 1, Tel. 0221/528959